山西大同大学基金资助

山西省哲学社会科学课题：山西省大数据产业发展路径研究（项目编号：2019B293）

山西省社科联重点课题：山西省科技创新政策供给研究（SSKLZDKT2020158）

大数据产业政策变迁与科技成果转化

田国华　著

中国商务出版社

图书在版编目(CIP)数据

大数据产业政策变迁与科技成果转化 / 田国华著
. --北京：中国商务出版社，2021.6
　　ISBN 978-7-5103-3815-1

　　Ⅰ.①大… 　Ⅱ.①田… 　Ⅲ.①数据处理－信息产业－
产业政策－研究－中国②数据处理－信息产业－科技成果
－成果转化－研究－中国 　Ⅳ.①F492

　　中国版本图书馆 CIP 数据核字(2021)第 092870 号

大数据产业政策变迁与科技成果转化
DASHUJU CHANYE ZHENGCE BIANQIAN YU KEJI CHENGGUO ZHUANHUA
田国华　著

出　　　版：中国商务出版社
地　　　址：北京市东城区安定门外大街东后巷 28 号 　　邮　　　编：100710
责任部门：职业教育事业部(010-64218072　295402859@qq.com)
责任编辑：陈红雷

总 发 行：中国商务出版社发行部(010-64208388　64515150)
网　　　址：http://www.cctpress.com
邮　　　箱：cctp@cctpress.com

排　　　版：北京亚吉飞数码科技有限公司
印　　　刷：三河市德贤泓印务有限公司
开　　　本：710 毫米×1000 毫米　1/16
印　　　张：11.75 　　　　　　　字　　　数：211 千字
版　　　次：2022 年 3 月第 1 版 　　印　　　次：2022 年 3 月第 1 次印刷
书　　　号：ISBN 978-7-5103-3815-1
定　　　价：70.00 元

前　言

随着大数据和人工智能时代的到来,人们对数据的关注越来越高,大到国家政府,小到企业个人,都处在这个深刻变革的数据时代。

笔者在厘清新时代背景下大数据概念和特点的基础上,梳理了国家层面、八大综合试验区以及山西省大数据产业数千份政策文本,阐明了大数据产业的发展历程及变迁,从而探索出大数据产业的产业链构建、延伸及发展路径。

大数据概念的认知阶段是通过一系列的论证调研等活动变得逐渐明朗清晰。国家统计局作为研究发展大数据的牵头单位,通过调研致力于开拓打造政府统计数据来源的"第二轨",先行主要以与11家企业签订战略合作框架协议的形式进行合作,实现数据共享,优势互补,从而更好地服务经济社会发展;产业布局阶段是通过对物联网、云计算和人工智能以及工业 4.0 等与大数据高度相关的词汇的解读,帮助读者厘清大数据产业布局的相关配套政策背后的脉络;大数据运用阶段是通过逐一列举八大综合试验区、山西省大数据产业政策,最终从大数据产业链上中下游的构成要素,利用山西省对接京津冀协同发展的区位优势,结合山西省的省情和优势资源,绘制大数据产业政策地图,为山西省大数据产业链的构建和延伸提供思路。大数据从概念提出的认知阶段到产业布局阶段,再到推广应用阶段,梳理其政策脉络无疑会对读者重新客观地解读大数据产业颇有助益。

以云计算、大数据与人工智能为代表的新技术所引领的科技创新能力,已经成为决定一个国家综合国力和国际地位的最重要因素。技术创新是一个复杂的过程,科学技术和发明要转化为现实的生产力,要与生产实践相结合来创造价值。一个国家科技创新中科技成果转化能力是非常重要的。然而,中国目前的科技成果和科技进步贡献率与欧美发达国家相比较仍有一定的差距,科技创新成果的资源浪费现象仍然较为突出,如何加速科技成果的转化成为中国的重大任务和课题。

笔者以中国科学院大连大化所的煤制低碳烯烃即"DMTO"科技成果的转化作为典型代表,对中国大型科技成果转化进行了研究。发现 DMTO 成果转化是基于大化所国家"七五"重点攻关项目的成果,由政府推动,以资本为纽带,以中试和工业性试验完善技术和积累实践经验为依托,运用创新技术服务模式实现了大型科技项目的成功转化。

　　高校作为协同创新中科技成果研发的重要参与者,不仅提供了不竭的创新动力,而且在为社会培育高新技术人才之余深度融合地方经济发展。笔者以美国的拜杜法案为切入点,系统研究了美国研究型大学科技成果转化的机制,并对中美大学科技成果的处置权和收益权进行了详实地对比研究。对国内研究型高校科技成果转化水平与区域经济协调关系进行了研究。同时以国内研究型高校密集的西安高校为例,对其技术转移现状、问题进行深度剖析并提出了相应的对策。

　　笔者积极将科研成果融入日常教学工作中。为了应对大数据这一新形势下传统统计学的变革、所学知识与市场需求不能有效衔接、知识点碎片化仅依靠低层次重复识记以致无法将理论知识应用于实践的问题,加之专业课学时压缩的大趋势,系统研究了统计学课程的教学理念、教学思路、教学内容、教学方法、教学实践等方面,对教学内容从知识管理的视角进行重新整合,有效避免"知识孤岛"问题;建立了既能提高专业关联度,又能提升学生自信的商科专业案例库;对与教学内容相匹配的教学方法进行了深度探索。将科研成果广泛应用于课程教学实践中,收效良好。

　　让数据说话,拨开重重迷雾,通过现象看本质,也许这就是数据魅力之所在。道阻且长,行则将至。我和学生将继续努力,共同成长。

田国华

2021 年 4 月

目　录

· 1 ·

第 1 章 何谓大数据

1.1 大数据的产生背景[1]

1955 年,信息公开得以实现。美国众议院成立了关于政府信息的特别委员会(政府运作委员会),开始对政府机构的信息获取政策和实践进行广泛的调查。委员会主席约翰·莫斯(John Moss)提出并通过了政府信息公开的法案——《信息自由法》。

1965 年,摩尔定律诞生。英特尔(Intel)创始人之一戈登·摩尔(Gordon Moore)提出摩尔定律。当价格不变时,集成电路上可容纳的元器件的数目,约每隔 18～24 个月便会增加一倍,性能也将提升一倍,即每一美元所能买到的电脑性能,将每隔 18～24 个月翻一倍以上。该定律揭示了信息技术进步的速度。

1973 年,最小数据集(Minimum Data Set)被提出。最小数据集起源于美国医疗领域,指代管理层面针对具体业务领域强制收集的数据指标的集合,是针对被观察对象建立的简单实用的数据指标,是基本数据项的集合。一些领域的最小数据集甚至上升到了立法高度。

1980 年,标准数据接口诞生。数据可以在不同信息管理系统之间的共享使数据接口的标准化程度越来越得到强调。

1988 年,普适计算[Ubiquitous computing(ubicomp)、pervasive computing]得以实现。其又称为普存计算、普及计算、遍布式计算、泛在计算,是一个强调和环境融为一体的计算概念,而计算机本身则从人们的视线里消失。在普适计算的模式下,人们能够在任何时间、任何地点以任何方式进行信息的获取与处理。

2000 年,数据驱动业务开始启动。搜集数据并将其组织成信息流,在优化产品、运营等或在决策时,根据不同需求对信息流进行提炼总结,从而在数据的支撑或指导下进行科学的行动。

以上是数据和技术发展历程中具有里程碑意义的节点,正是数据与技术之间的矛盾使大数据应运而生。解决每一发展阶段的数据技术矛盾的关键就在于标准化。标准化是指在经济、技术、科学和管理等社会实践中,对重复性的事物和概念,通过制订、发布和实施标准达到统一,以获得最佳秩序和社会效益。

信息公开推动数据共享,但此时数据处理的工具和技术相对滞后。半导体技术的发展和成熟推动了集成电路的研发,促使计算机小型化,大大降低了计算时的功耗,并提高了运算的可靠性。数据和技术这一矛盾的标准化就是集成电路。最小数据集的出现对如何汇聚成大数据提出了挑战。随着日益增加的数据共享和交换需求,标准化数据接口成为了解决数据和技术矛盾的标准化。数据量的增大和传输速度的相对滞后使得大数据的集聚和汇集很困难。无线网络技术的诞生成为了解决数据技术矛盾的标准化问题。

大数据的意义是由人类日益普及的网络行为所伴生的、受到相关部门和企业采集的、蕴含数据生产者真实意图和喜好的、非传统结构和意义的数据。2013 年 5 月 10 日,阿里巴巴集团董事局主席马云在淘宝十周年晚会上卸任阿里集团 CEO 的职位,并在晚会上做卸任前的演讲。马云说,大家还没搞清 PC 时代的时候,移动互联网来了,还没搞清移动互联网的时候,大数据时代来了。

借着大数据时代的热潮,微软公司生产了一款数据驱动的软件,主要是为工程建设节约资源、提高效率。在这个过程中可以为世界节约 40% 的能源。抛开这个软件的前景不看,从微软团队致力于研究开始就可以看出他们的目标不仅是节约能源,还更加关注智能化运营。通过跟踪取暖器、空调、风扇以及灯光等积累下来的超大量数据,研究如何杜绝能源浪费。"给我提供一些数据,我就能做一些改变。如果给我提供所有数据,我就能拯救世界。"微软总裁史密斯这样说。而智能建筑正是他的团队专注的事情。

从海量数据中"提纯"出有用的信息,这对网络架构和数据处理能力而言也是巨大的挑战。在经历了几年的批判、质疑、讨论、炒作之后,大数据终于迎来了属于它的时代。2012 年 3 月 22 日,奥巴马政府宣布投资 2 亿美元拉动大数据相关产业发展,将"大数据战略"上升为国家战略。奥巴马政府甚至将大数据定义为"未来的新石油"。

大数据时代已经来临,它将在众多领域掀起变革的巨浪。但我们要冷静地看到,大数据的核心在于为客户挖掘数据中蕴藏的价值,而不是软硬件的堆砌。因此,针对不同领域的大数据应用模式、商业模式研究将是大数据产业健康发展的关键。我们相信,在国家的统筹规划与支持下,通过各地方政府因地制宜制定大数据产业发展策略,通过国内外 IT 龙头企业以及众多创新企业的积极参与,大数据产业未来发展前景十分广阔。

大数据就是互联网发展到现今阶段的一种表象或特征而已,没有必要神话它或对它保持敬畏之心。在以云计算为代表的技术创新大幕的衬托下，这些原本很难收集和使用的数据开始容易被利用起来了，通过各行各业的不断创新，大数据会逐步为人类创造更多的价值。

随着大数据和人工智能时代的到来，人们对数据的关注度越来越高。大到国家政府，小到企业个人，我们都身处于这个深刻变革的数据时代，无论情愿与否，都无法逃避。

1.2　什么是大数据

大数据时代赋予数据分析前所未有的使命，但也对其应用提出了严峻的考验。对大数据的理解和认识常存在很多方面的误区。[2]

其中很突出的一个表现就是凡是数据都冠以大数据之名。在多年的统计学教学过程中，一些简单的问题被经常提及。假定老师正在给学生上课，突然有人敲门，进来一名新同学。我们最先观察的是新同学是男是女、大致年龄、高矮胖瘦……这些描述是不是大数据？中国从新中国成立初期到现在为止，每年的国内生产总值（GDP）数据是不是大数据？传统的描述统计学分析是不是大数据？传统统计学是不是大数据？答案是否定的。在本章后面的内容中，笔者会解释传统统计学和大数据的差异。

另一个表现是国家将大数据产业的发展作为战略布局和顶层设计后，各地纷纷成立了诸如大数据中心、大数据计算中心、云计算平台等，各高校及科研院所相继成立大数据研究机构，以占领大数据产业高地。如何构建大数据资源共享平台以及建立什么样的标准、培养出什么样的人才等都还存在很多尚未明确的问题。故在进行基础设施硬件建设的同时，"软件"更需要完善和提升。

早在 1980 年，著名未来学家阿尔文·托夫勒便在《第三次浪潮》一书中将大数据热情地赞颂为"第三次浪潮的华彩乐章"。不过，大约从 2009 年开始，"大数据"才成为互联网信息技术行业的流行词汇。美国互联网数据中心指出，互联网上的数据每年将增长 50%，每两年便将翻一番，而目前世界上 90% 以上的数据是最近几年才产生的。此外，数据又并非单纯指人们在互联网上发布的信息，全世界的工业设备、汽车、电表上有着无数的数码传感器，随时测量和传递着有关位置、运动、震动、温度、湿度乃至空气中化学物质的变化，这也产生了海量的数据信息。

大数据概念之所以被炒得如火如荼，是因为大数据时代已经到来。理解大数据，必须首先理解大数据的时代背景，因此就必须澄清大数据时代的含义。大数据时代是建立在对互联网、物联网等渠道广泛大量数据资源收集基础上的数据存储、价值提炼、智能处理和分发的信息时代。在这个时代,可以致力于让人们能够从几乎任何数据中获得可转换为改变人们生活方式的有价值的知识。

在了解了什么是大数据时代后,我们可以进一步了解大数据的内涵。通过查阅大量的文献书籍资料,我们发现对大数据概念的界定取决于定义者的观点和学术背景。想要对其做出统一规范的界定十分困难,主要有以下几种界定。[3]

维基百科的定义:大数据指所涉及的资料量的规模巨大到无法通过目前主流软件工具,在合理时间内达到撷取、管理、处理并整理成为帮助企业经营决策更积极目的的资讯。

大数据科学家 John Rauser 将大数据简单定义为任何超过了一台计算机处理能力的数据。

美国资讯公司麦肯锡的报告将大数据定义为无法在一定时间内用传统数据库软件工具对其进行抓取、管理和处理的数据集合。

Gartner 公司的 Merv Adrian 认为,大数据超出了常用硬件环境和软件工具在可接受的时间内为其用户手机、管理和处理数据的能力。

IDC(International Data Corporation)对大数据的描述是,大数据是一个看起来似乎来路不明的大的动态过程。但实际上,大数据并不是一个新生事物,虽然它确确实实正在走向主流并引起广泛的注意,大数据不是一个实体,而是一个横跨很多 IT 边界的动态活动。

大数据是指以多元形式,通过许多来源搜集而来的庞大数据组,往往具有实时性。在企业对企业销售的情况下,这些数据可能来自社交网络、电子商务网站、顾客来访记录以及许多其他来源。这些数据并非公司顾客关系管理数据库的常态数据组。从技术上看,大数据与云计算的关系就像一枚硬币的正反面一样密不可分。大数据必然无法用单台的计算机进行处理,必须采用分布式计算架构。它的特色在于对海量数据的挖掘,但它必须依托云计算的分布式处理、分布式数据库、云存储和/或虚拟化技术。

在维克托·迈尔-舍恩伯格和肯尼斯·库克耶两位教授撰写的《大数据时代》中,他们认为不用随机抽样(抽样调查)这一捷径,而针对所有数据进行分析处理即为大数据。大数据(big data,mega data)又称巨量资料或海量数据,指的是需要新处理模式才能具有更强的决策力、洞察力和流程优化能力的海量、高增长率和多样化的信息资产。

格雷布林克(Grobelink. M)在 2012 年 2 月纽约时报的一篇专栏中称,大数据时代已经降临,在商业、经济及其他领域中,管理者决策越来越依靠数据分析,而不是依靠经验和直觉。

　　归结起来,理论界主要对大数据从两个层面进行界定,若把大数据视为一个形容词,则可以借用大数据时代数据的特点来对大数据做出界定;若把大数据视为一个名词,则体现的是我们科学研究的对象。大数据是指那些超过传统数据系统处理能力,超越经典统计思想研究范围,不借用网络无法用主流软件工具及技术进行单机分析的复杂数据的集合。对于这一数据集合,在一定的条件和合理的时间内,可以通过现代计算机技术和创新统计方法,有目的地进行设计、获取、管理和分析,揭示隐藏在其背后的有价值的模式和知识。

1.3　大数据的特点

　　IBM 将人数据的特点归结为 5V,即 Volume(大量)、Velocity(高速)、Variety(多样)、Value(价值密度)和 Veracity(真实性)。

　　Volume:是指海量数据的数据量大,包括采集、存储和计算的量都非常大。大数据的起始计量单位至少是 P(1000 个 T)、E(100 万个 T)或 Z(10亿个 T)。

　　Variety:是指数据的种类和来源多样化。包括结构化、半结构化和非结构化数据,具体表现为网络日志、音频、视频、图片、地理位置信息等,多类型的数据对数据的处理能力提出了更高的要求。

　　Value:是指数据价值密度相对较低,大浪淘沙却又弥足珍贵。随着互联网以及物联网的广泛应用,信息感知无处不在,信息海量,但价值密度较低,如何结合业务逻辑并通过强大的机器算法来挖掘数据价值,是大数据时代最需要解决的问题。

　　Velocity:是指数据增长速度快,处理速度快,时效性要求高。比如搜索引擎要求几分钟前的新闻能够被用户查询到,个性化推荐算法尽可能要求实时完成推荐。这是大数据区别于传统数据挖掘的显著特征。

　　Veracity:是指数据的准确度和可靠度,即数据的质量。

1.4　传统统计学与大数据

　　统计学是关于社会经济现象数量方面进行搜集、整理和分析的理论和方法的科学。统计学作为社会经济管理等领域的方法论学科,是分析问题、解决问题的重要方法。其在经济学、管理学、医学、生物学等学科方面的应用十分广泛,甚至在文学(如红学中运用构词造句习惯推断后四十回为高颚所做)、法学(无罪推断理论)及体育竞技(种子选手筛选)等领域都有结合和应用。传统统计学与大数据的主要区别有以下七个方面[4]。

1.4.1　样本概念的转变

传统统计学中的样本概念至关重要,只有在明确了总体和样本的概念后,才能根据研究任务和研究目的确定样本框和样本容量。这种情形下一句随机原则抽取的样本数据是稀缺资源,对其进行详尽的分析研究从而实现样本的最大价值以对总体做出科学的推断。而在大数据时代,因大部分数据为网络数据,故可以进一步分为静态数据和动态数据。

静态数据是在查看数据时,所看到的即时生成的数据即为静态数据,该类数据未与服务器数据库进行交互,所见即所得。这种数据,样本即为总体,无须抽样,故不需要通过样本来推断总体,而是直接分析总体数据,从而不存在代表性误差。

动态数据是随时间推移而变化的数据。其可以涵盖所有依时间排列的各类数据,如时间数列数据(time series)和面板数据(panel data)。此类数据由于所获取的只是时间历史长河中部分时间的数据,故而是一种样本数据。

1.4.2　数据结构的变化

传统统计学中分析的数据为结构化数据,是通过统计调查依据事前设计而搜集整理的数据,其有固定的标准和结构,可以用统计图(散点图、折线图、柱状图、条形图、饼图、雷达图、箱盒图等)和统计表来进行呈现。

大数据不仅包括传统统计学中的结构化数据,更常见的是半结构化数据、非结构化数据,甚至是异构数据。可以将各种存储介质中的信息、信号都视作大数据。如通过网络爬虫获取的微信新闻文本数据可以运用文本挖掘来分析出比传统统计学更多更有价值的信息。

1.4.3　搜集概念的扩展

传统统计学中的数据分为一手数据和二手数据(统计图或统计表)。前者是通过统计设计、统计调查所获取的数据;后者是经过整理可以直接进行分析的数据。但无论哪种类型的数据都是由调查主体经过统计设计、调查、整理得到的数据,需要根据研究目的和研究任务设计各种方案(调查方案、整理方案和分析方案),全过程严格把控来实施完成。这一过程是成本较高且效率相对低下的数据搜集过程。

大数据的搜集需要三个步骤:先进行数据预处理,即数据清洗(识别与整理);再进行数据分析,从繁冗的数据中根据研究目的筛选出相关性较高且兼具价值的数据;最后进行数据存储。由于是网络数据,这一系列过程并不需要耗费太多的成本,但仍需要确定分析节点,从而明确哪些数据是有价值的、哪些是冗余。同时大数据还存在数据安全问题。

1.4.4　数据来源的不同

传统统计学中的数据无论是直接调查获取的一手数据还是借用经整理后的二手数据,其共同的来源都是实地调查,区别仅仅是调查主体是否为数据需求者。由此很容易对数据进行事前安排、事中控制以及事后核对。

而大数据由于大部分数据源自网络,无法做到事前安排,也很难做到事中控制,且数据很多时候是发散的,更不可能进行事后核对。因而大数据时代,数据爆炸带来的必然是"冗余爆炸",提高数据质量需要更多更精准的数据搜集方法。

1.4.5　量化方式的变化

传统统计中的数据是结构化的数据,对其进行量化的方法已经很成熟。而大数据多为半结构化、非结构化数据,对其进行量化还存在技术瓶颈。目前将半结构化及非结构化数据进行量化或者是转化为结构化数据是一个非常重要的研究领域。

1.4.6　分析思维的改变

笔者从统计分析、实证分析、推断分析三个方面论述大数据时代传统统计学分析思维的改变。

传统统计学中的数据分析思路为定性到定量再到定性。当然这是一个螺旋式的上升过程,不是简单定性分析的反复。思维过程是假设—验证,即先根据先验知识提出假设,再通过分析数据进行验证,即纯实证分析。其推断过程需要通过对样本进行分析得出样本特征,进而依据概率论推断总体特征。

大数据分析的思路是定量到定性。先找到定量的回应,再从其中找到有价值的数据,进行分析,从而做决策。思维过程是发现—总结,需要在繁杂的数据中挖掘出相关关系、寻求规律,再加以总结形成结论。由于大数据所搜集的数据即为总体数据,分析结果即为总体的结果,因而不需要进行统计推断。

传统统计学主要运用归纳法,这一方法依然是大数据分析的主要方法,大数据分析仍然要通过个体的特征归纳出总体的特征。但对异常值(outlier)的分析和研究往往更具深意,运用的是演绎法,演绎法可以防止研究中忽略某些重要细小的特征。在大数据分析中将会产生更大的深挖潜力,可根据已有的分布特征和相关知识经验去进行深度挖掘,可能会得到全新的预测或结论。两法的有机结合,将帮助我们从大数据的偶然性中发现必然性,并运用全面数据的必然性去观察认识甚至利用偶然性,从而探索偶然性背后的规律和逻辑。

1.4.7　统计软件的增多

传统统计学需要运用统计软件建立模型进行分析。常用的统计软件有很多,根据是否需要编程可分为两类:一是具备可视化菜单操作的软件,如SPSS、EXCEL,这些软件也兼具编程功能,但相对而言,菜单操作功能更强大;另一类是编程软件,需要具备一定的计算机语言知识,如 R、EVIEWS、SAS、STATA、MATLAB 等。

1.5　大数据带给人类的变革

大数据给我们分析信息带来三大转变:

首先,在这个信息爆炸的大数据时代,我们可以分析更多的数据(海量数据)。这个数据量之大可以近似认为就是研究现象的所有数据,即"总体",而不再像传统统计学中依赖随机抽样获取样本数据再对总体进行推断。然而,总体只能是个相对的概念,由于研究的局限以及人类认知的限制,我们永远无法获知客观存在的现象总体的边界。What's the population? Who knows. 但统计学中的大数定理给出了很好的解释,我们可以根据研究需要做出限定,一般 30 个样本就可以视为大样本,统计实践中的 300～1000

个样本就是大样本,海量的大数据就更是大样本了,大到以至于认为其就是总体。

其次,研究数据量之大,以至于我们不再热衷于追求精确度。在传统统计学中,我们由于数据资源的稀缺而十分珍视这仅有的资源,需要去精确地量化数据,然而海量的大数据让数据不再成为稀缺资源,其量化带来的效果效益非常有限,故不再追求精确度,而是掌握事物现象的大致发展方向。

最后,不再热衷于探究事物现象的因果关系,而是寻找不是很精确的相关关系。人类对未知世界进行探索和认知时,始终在苦苦追求是什么样的因,带来什么样的果,然而在大数据时代,这种因果关系的探索很困难,能带来的效益也十分有限,得不偿失。而寻求不是很精准的相关关系足以提示正在或即将发生的事情。当然这绝不是完全抛弃因果关系,而是不再如此执着于因果关系。

1.6　文本挖掘案例

计算机时代以来,各种技术飞速发展,信息急剧增长,海量数据不断地向我们涌来,我们不得不借助计算机来的帮助来筛选出需要的信息。数据挖掘就是这样一种技术,它能够从巨大的数据库中,挖掘出我们所需要的信息,极大地节省了我们自己处理数据的时间。而文本挖掘与数据挖掘的思想相同,它使得计算机不仅能够处理传统意义上的数字,而且能够"读取"语言,让数据"说话"。本文基于文本挖掘技术,对 779 篇微信新闻公众号发布的文章共计一百多万字进行分析,分别得到 16 种主题的新闻的特点,然后使用 6 种常用的分类方法,分别训练 6 种分类器,对 6 篇未知类别的文章进行分类,希望可以实现基于文本挖掘技术的中文文本自动分类。通过分析,我们发现随机森林方法训练的分类器表现最佳,但是由于样本数量的限制,结果依然不够理想。

1.6.1　导论

1.6.1.1　背景与意义

数据挖掘起源于 20 世纪 90 年代中期,是多门学科和多门技术相结合的产物。数据挖掘就是从大量的、不完全的、有噪声的、模糊的、随机的数据中,提取隐含在其中的、人们事先不知道的、但又是潜在有用的信息和知识（如规则、规律、模式、约束等）的过程。发现和利用隐藏在数据集背后知识的数据挖掘成为新兴研究方向,成为知识发现过程中的核心和关键步骤。在现实世界中,知识不仅以传统数据库中的结构化数据的形式出现,而且以诸如书籍、研究论文、新闻文章、web 页面及电子邮件等各种各样的形式出现。由于在这些非结构化的数据源中也存在着大量的知识,因此也应该在这些数据源上进行数据挖掘,提取感兴趣的、潜在的有用模式和隐藏的信息,这项工作就是文本挖掘。文本挖掘是从大量文本中发现新的知识,进行文本处理的研究领域。文本挖掘已经成为数据挖掘中的一个日益流行的重要研究课题。

当前社会,信息技术的发展日新月异,微信、微博等新媒体在便于我们获取海量信息的同时,也让我们陷于"被数据淹没,却饥渴于知识"的矛盾。究其原因,莫过于我们不能从"弱水三千"之中高效筛选有价值的信息。因而文本挖掘的应用与发展,便成为撬动此矛盾问题的支点。

1.6.1.2 国内外文献综述

1. 国外研究文献综述

国外对于文本挖掘方面的研究开展是比较早的。早在 20 世纪 50 年代,H. P. Luhn 在文本挖掘这一领域就取得了开创性的成果,并且率先提出了基于词频统计思想来进行文本自动分类的方法。而在 1960 年,Maron 发表了关于文本自动分类的第一篇论文,随后以 K. Spark 和 G. S. Jones 等人为首的众多学者也纷纷在文本挖掘这一领域提出了一系列卓有成效的研究方法。到目前为止,国外对于文本挖掘的研究已经从最初的可行性基础研究经历了试验性研究进入了现在的实用化阶段,其中较为成功的是在邮件分类和电子会议方面取得的进展,比如麻省理工学院为白宫研发的邮件分类系统、卡内基集团为路透社研发的 construe 系统。国外一些著名的文本挖掘工具有:

（1）IBM 的文本智能挖掘机。它有三个主要成分:高级搜索引擎（Advanced Search Engine）——Text Miner;Web 访问工具（Web Access Tools）——包括 Web 搜索引擎 Net Question 和 Web Crawler;文本分析工具（Text Analysis Tools）。文本智能挖掘机专为分析文本数据而设计,其主要功能是特征提取、文档聚集、文档分类和检索,并可为文档按主题创建目录及创建索引。

（2）Concept Agents。它是 Autonomy 公司最核心的产品,在经过训练以后,它可以自动地从文本中抽取概念。

（3）TelTech。它可提供专家服务、专业文献检索服务、产品与厂商检索服务，其成功的关键在于建立了高性能的知识结构。它采用主题法，其主题词表分为不同专业，共有 3 万多个，由数位知识工程师维护，每周更新 500～1200 个词。

2. 国内研究文献综述

在国内有关文本挖掘的研究中，侯汉清教授（1981）介绍了国外计算机分类表、计算机自动分类等情况，中科院计算机语言信息工程研究中心的陈肇雄教授在 1997 年和 1998 年分别在《计算机研究与发展》和《软件学报》上发表了关于翻译、汉语分词、自然语言讨论、句法分析、语义分析、首字转换、自动分词的内容；清华大学电子工程系的丁晓清和吴佑寿教授研究了手写汉字识别（动态匹配）、汉字识别分类器集成（综合识别法）、《名片自动录入系统的实现》等内容；清华大学计算机技术与科学系的黄昌宁教授在《计算机学报》《软件学报》《清华大学学报》上进行了汉语基本名次短语分析模型、识别模型、文本词语标注、语言建模、分词歧义算法、上下文无关分析、语素和构词的研究；上海交通大学计算机科学与工程系的陆汝占教授在《软件学报》和《上海交通大学学报》中提出了语句语义、自然语言模型、构造语义解释模型增量式、树形分层数据库方法（非结构化数据知识方法）、范例推理等内容；哈尔滨工业大学计算机科学与工程系的王开铸和王小龙教授以及上海交通大学电脑应用研究所的王永成教授分别提出了《中文词句快速查找系统》以及《中文自动摘要系统》；北京邮电大学信息工程系的钟义信教授提出了基于言语行为理论的话语分析方法。

关于分词的工具，国内最具有代表性的就是中科院的 ICTCLAS 系统和哈尔滨工业大学的 LTP 系统，他们通过多年的努力，对语料进行标注，找到了包括分词、词性标注等多种功能的中文文本的预处理方法。

1.6.1.3　本文的结构及主要方法

本文使用学校提供的 785 条文本数据，首先通过文本挖掘方法提取出对应 16 种主题的关键词，也就是出现频数较高的词汇，作为每种主题文本的特征向量；然后使用几种常用的不同分类方法进行分类，并评价对比其分类效果；最后将 6 条未知主题的文本分别归入合适的类别中。

使用到的分类方法有：KNN 算法、决策树及其扩展方法、支持向量机、朴素贝叶斯分类器和神经网络。其中使用的所有方法均使用 R 软件操作。

1.6.2 主要理论介绍

1.6.2.1 中文文本挖掘基本理论

1. 文本挖掘概念

文本挖掘是一个从非结构化文本数据中获取用户感兴趣或者有价值的信息的过程。其中被普遍认可的文本挖掘定义如下：文本挖掘是指从大量文本数据中抽取事先未知的、可理解的、最终可用的知识的过程，同时运用这些知识更好地组织信息以便将来参考。

文本挖掘是从数据挖掘发展而来，因此其定义与我们熟知的数据挖掘定义相类似。但与传统的数据挖掘相比，文本挖掘有其独特之处，文档本身是半结构化或非结构化的，无确定的形式并且机器很难理解其语义；而数据挖掘的对象主要是数据库中的结构化数据，数据挖掘某些技术和方法在对文本预处理的基础上可以作用于文本挖掘，但有些数据挖掘技术并不适用于文本挖掘。

简单地说，我们需要对以文本形式存储的文件提取特征，从中分析出有意义的信息，建立有价值的模型。

2. 中文文本挖掘的流程

中文文本挖掘与西方语言文本有很大的不同，所以其步骤也有很大差异，中文文本挖掘主要由以下步骤组成：

（1）数据源：这是文本挖掘的起始点，文本的数据源会有网页、邮件、图书、文章、日志等，这些都会蕴含着丰富的价值。

（2）文本的预处理：整理需要挖掘的文本，包括文本解析，而对于中文文本来说，主要的就是分词。通过分词及语言分析的算法或工具将其转化成数据挖掘工具可以处理的结构化数据。

（3）文本挖掘：在完成文本预处理后，可以利用数据挖掘、数据分析以及机器学习的方法提取面向特定应用目标的信息或模式。

（4）模式评估与展现：这是文本挖掘的最后一个环节，是利用已经定义好的评估指标对获取的信息或模式进行评价。如果评价通过，就可以通过各种方式将模式呈现给用户。

1.6.2.2　分类方法

分类是一种重要的数据挖掘技术,通过对已知类别训练集的分析,从中发现分类规则,以此预测新数据的类别。分类的目的是根据数据集的特点,构造一个分类器,把未知类别的样本映射到给定的类别中。

其基本步骤为:

(1)输入训练集。它由一条条数据库记录组成,每一条记录包括若干个属性,组成一个特征向量。训练集的每条记录还有一个特定的类标签与之对应。

(2)分析训练集数据。通过其表现出来的特性,为每一类找到一种准确的描述或者模型。

(3)根据每一种类描述,对未来的测试数据进行分类,预测其所属类别。

1. KNN

KNN(K-Nearest Neighbors)即 K 近邻法,该算法的基本思想是先计算待分类文本与所有训练文本间的相似度,选出 K 个相似度最大训练文本,最后根据这个文本的所属类别去判定待分类文本的所属类别。如果一个样本所在特征空间中的 K 个最相似(即特征空间中最邻近)的样本中,大多数样本属于某一个类别,则该样本也属于这个类别。该方法在定类决策上只依据最邻近的一个或者几个样本的类别来决定待分样本所属的类别。

KNN 算法必须明确两个基本的因素:最近邻样本的数目 K 和距离的尺度。K 表示选择参考样本的数目,距离尺度对应一个非负的函数,用来刻画不同数据间的相似性程度。在 KNN 算法里对于模型的选择(尤其是 K 值)往往是通过对大量独立的测试数据、多个模型来验证最佳选择。

2. 朴素贝叶斯分类

朴素贝叶斯分类是一种非常简单的分类算法,对于给定的待分类项,求解在此项出现的条件下各个类别出现的概率,哪个最大,就认为此待分类项属于哪个类别。朴素贝叶斯分类建立在一个类条件独立性假设(朴素假设)的基础之上:给定类变量后,各属性变量之间相互独立,

即
$$P(X \mid C_i) = \prod_{k=1}^{m} P(X_k \mid C_i),$$

等式右边的各个条件概率可以从训练集数据中求得。因此,根据贝叶斯定理:

$$P(y_i \mid x) = \frac{P(x \mid y_i)P(y_i)}{P(x)} = \frac{P(y_i)}{P(x)} \prod_{j=1}^{m} P(x_j \mid y_i)$$

只需要选择使 $P(y_i|x)$ 最大的类别 i，即为最后的分类结果。

3. 决策树

决策树（Decision Trees）是一种不断把数据分割成不同小的部分的迭代过程。决策树中的树干就是未分类时所有的数据，每个节点即代表对应分类所依据的属性特征，从决策树的根节点到叶节点的一条路径就形成了对相应对象的类别预测。

首先将训练样本的原始数据全部放入决策树的树根；然后使用训练样本建立决策树，在每一个节点根据信息论来评估选择哪一个属性作为依据继续分割，使得分割后的信息减少最大，也就是节点处的信息最大；接下来依次不断分割，直到所有的节点都是树叶节点为止。为了防止决策树过大，分类过于具体，我们需要适当修剪以减小错分率。

在每个节点的确定中，若记 $\hat{p}_{mk}$ 为第 m 个样本属于第 k 类的概率，则定义：$D = -\sum_{k=1}^{K} \hat{p}_{mk} \log(\hat{p}_{mk})$ 为信息熵，从中容易看出，如果对于每一个样本，$\hat{p}_{mk}$ 都接近 0 或者 1，则会有较小的信息熵，也就是说分类结果纯度较高。

但是决策树的一个较大的缺陷在于，使用不同的训练集训练得到的树会有较大差别，也就是方差较大，因此提出以下几种改进方法。

（1）Bagging。Bagging 对训练集数据使用自助法抽样的方式，产生很多个训练数据集，也就是在原始数据的基础上，根据一个样本，通过可放回抽样抽取多个样本，这些数据集使用单一的机器学习算法产生多个模型，然后通过投票选择最有可能的类别。

（2）随机森林。为了减小不同数据集产生的分类器之间的强相关性，随机森林只选择较小的一部分数据作为每一个分类器的训练集，从而基本可以保证产生的很多分类器之间有着各自的不同特点，然后将这些不同的分类器结合起来，产生一个综合的分类器，可以大大减小分类的方差。

4. 支持向量机

支持向量机（support vector machines，SVM）是寻找一个满足分类要求的最优分类超平面 $w^T x + b = 0$，使得该超平面在保证分类精度的同时，

能够使超平面两侧的边缘最大化(等价于最小化$\frac{1}{2}\|w\|^2$),落在边界平面上的点就称为支持向量,并且分类器只由支持向量决定。因此,支持向量机在很大程度上克服了"维数灾难"和"过拟合"等问题。在实际分析中,通常不可能找到一个边界,将不同类别的数据点完全分开,因此,需要引入松弛变量 $\xi_n \geqslant 0$,支持向量机可以转化为求解一个二次规划问题:

$$\min: \frac{1}{2}w^2 + C\sum_{n=1}^{N}\xi_n$$

$$\text{s. t.} \begin{cases} y_n(w^{\mathrm{T}}x_n + b) \geqslant 1 - \xi_n \\ \xi_n \geqslant 0 \end{cases}$$

对应的拉格朗日函数为:

$$L = \frac{1}{2}\|w\|^2 + C\sum_{n=1}^{N}\xi_n - \sum_{n=1}^{N}a_n[y_n(w^{\mathrm{T}}x_n + b) - 1 - \xi_n] - \sum_{n=1}^{N}\mu_n\xi_n$$

其中,$C>0$ 控制松弛变量与最大化边缘之间的权衡,$a_n \geqslant 0$ 和 $\mu_n \geqslant 0$ 是拉格朗日乘数。

根据 KKT 条件从拉格朗日函数中消去 w、b 和 ξ_n,得到如下形式的拉格朗日函数:$L = \sum_{n=1}^{N}a_n - \frac{1}{2}\sum_{n=1}^{N}\sum_{m=1}^{N}a_na_my_ny_mk(x_n,x_m)$,其中,$k(x_n,x_m)$ 为核函数,定义为 $k(x,x') = \phi(x)^{\mathrm{T}}\phi(x')$,显然这是对偶的。

综上所述,支持向量机的理论有三个要点:最大化间距;核函数;对偶理论。

5. 神经网络

人工神经网络(Artificial Neural Network,ANN)是一种类似于大脑神经突触连接的结构进行信息处理的数学模型,在这种模型中,大量的神经元之间相互连接构成网络,即"神经网络",以达到处理信息的目的。神经网络需要进行训练,训练的过程就是网络进行学习的过程,通过改变连接神经元的权值,选择最优的权值,使其具有分类的功能。

以三层前馈神经网络为例,首先构造输入变量 $x_1,\cdots,x_D$ 的 M 个线性组合,形式为:$a_j = \sum_{i=1}^{D}w_{ji}^{(1)}x_i$,其中 $j = 1,2,\cdots M$,且上标(1)表示对应的参数是神经网络的第一层,参数 w_{ji} 称为权,a_j 称为激活,每个激活都使用一个可微的非线性激活函数 $h(\cdot)$ 进行变换,得 $z_j = h(a_j)$,这些对应于第一层的输出,被称为隐含单元,非线性函数 $h(\cdot)$ 通常被选为 S 型函数,例如 logistics 函数或者双曲正切函数,这些隐含单元再次线性组合,

得到输出单元激活 $a_k = \sum_{j=1}^{M} w_{kj}^{(2)} z_j$，其中 $k = 1,2,\cdots K$，K 是输出的总数量，这个变换对应于神经网络的第二层，最后选择一个恰当的激活函数进行变换，得到神经网络的一组输出 y_k。综上所述，整体的网络函数为：$y_k = \sigma \left[\sum_{j=1}^{M} w_{kj}^{(2)} h \left(\sum_{i=1}^{D} w_{ji}^{(1)} x_i \right) \right]$。

在这里为多分类问题，因此激活函数通常选用 softmax 函数。

1.6.2.3　交叉验证

在使用上述一系列方法分类时，为了比较评价不同方法的优劣情况，我们需要把所有文本随机地分为训练集（training sets）和测试集（testing sets）两部分，使用训练集训练分类器，然后使用验证集进行验证，判断分类器的错分率，通常使用均方误差（mean square error，MSE）度量。但是由于训练集样本的随机性，选择不同的数据作为训练集得到的分类器有所不同，可能会高估分类器的错分率，因此，我们使用交叉验证（cross validation，CV）方法进行重复抽样。

在 k 折交叉验证中，我们将所有数据分为数量大致相等的 k 个部分，第一次使用第一部分作为测试集，其他部分作为训练集训练分类器，通过验证计算得到 MSE_1，依次分别使用其他部分作为训练集，将这一过程重复 k 次，得到 $MSE_1,MSE_2,\cdots MSE_k$，平均后得到 k 折交叉验证的测试误差：

$$CV_i = \frac{1}{k} \sum_{i=1}^{K} MSE_i。$$

显然 k 的取值越大，误差的精度越高，但是随之计算量也会越大，因此，需要选择一个合适的 k 值，在保证准确度的基础上，使计算量尽可能小。这里我们使用五折交叉验证，即 $k=5$。

1.6.3　微信新闻文本挖掘的实证分析

1.6.3.1　数据整理

1. 描述统计

在开始分析之前，我们需要对所有文本数据进行基本的描述统计分析，大致了解数据情况。

首先将所有文本进行汇总，得到样本数量与每种类型的文章各自的样本量,如表 1-1 所示。

表 1-1　原始数据初步统计

类别	条数	条数占比	字数	字数占比	每条平均字数
育儿	1	0.13%	548	0.05%	548.00
旅游	2	0.26%	1610	0.16%	805.00
财经	3	0.39%	2701	0.27%	900.33
视频	3	0.39%	292	0.03%	97.33
体育	3	0.39%	4141	0.41%	1380.33
环保	4	0.51%	5003	0.50%	1250.75
头条新闻	5	0.64%	7990	0.80%	1598.00
科技	7	0.90%	10658	1.06%	1522.57
房产	9	1.16%	13708	1.37%	1523.11
时政	38	4.88%	66896	6.67%	1760.42
活动	51	6.55%	37761	3.77%	740.41
教育	58	7.45%	82179	8.20%	1416.88
文娱	60	7.70%	98458	9.82%	1640.97
健康	65	8.34%	93570	9.34%	1439.54
生活服务	118	15.15%	169147	16.88%	1433.45
社会	352	45.19%	407547	40.66%	1157.80
合计	779	100.00%	1002209	100.00%	1286.53

在表 1-1 中,我们将每种类别的文章按照其样本数量由少到多的顺序排列,可以明显地发现,各种类型的文章分布很不均匀,房产以上的部分,其数量显著地少,而社会类和生活服务类则相对较多。另外,通过对字数的统计,我们发现除了视频对应的字数明显少于其他类别以外,其他类别的文章的平均字数在 1000 字左右,看起来差异较大主要是因为样本数量有限导致的。

从图 1-1 所示的饼图中,我们可以更直观地看到,"社会"类文本出现的次数最多,占据了 45.2%的比例,将近一半;而"育儿""旅游""视频""体育""财经""环保""头条新闻"这些类型的文章数量都不超过 5 条,这 7 类文本的总占比只有 2.7%,因此信息非常微弱。

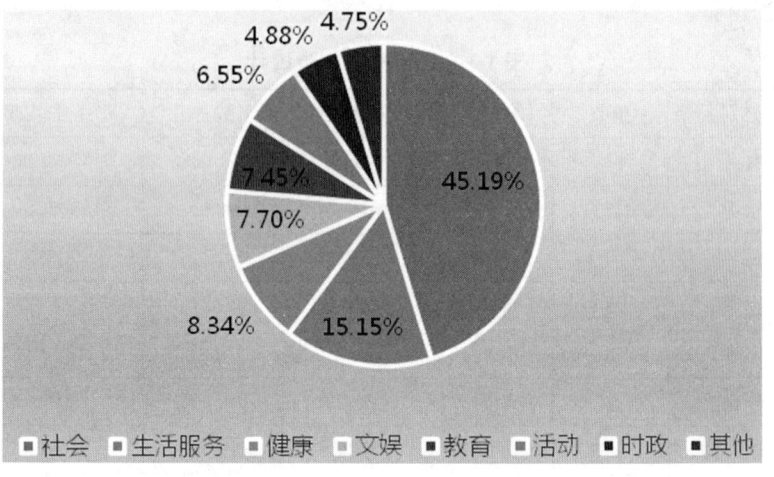

图1-1　各类文本条数统计

如果直接对所有样本进行特征提取,然后建立模型,这样会导致建立的模型是有偏向的,即模型更倾向于将样本分类到信息更强(频数更多)的类别中。为了解决这个问题,有两种方法可以选择:一是增加样本容量,即收集更多频数少的类别样本;二是剔除掉频数少的类别样本,直接对信息较强的样本建模。本文采用第二种处理方法,原因是继续增加样本容量会使得计算量更大,计算机处理比较困难,会超出单机计算的能力范围。

2. 特征提取

文本挖掘中最关键的步骤就是特征提取,将每种类别的文本中的关键词提取出来,并对其做频数或频率统计。主要包括剔除文本中的数字、英文字母、空格以及不包含分类信息的中文停用词,这些处理都在R语言中用tm包编程完成,且采用TF-IDF加权来作为文本关键词的重要性度量,其值越大表示对应的关键词越重要。经过这些基本处理后得到的关键词共有104587个,也就是有104587个特征变量,变量个数远远大于样本个数。于是继续剔除不重要的变量,利用稀疏度大于10%的关键词,最终得到114个特征变量。从而得到一个的矩阵,图1-2展示矩阵的部分内容。

特征提取完成后,就将文本的处理转化为了数值变量的处理。接下来给出词云的统计,给出特征的更直观的呈现,然后进行模型的建立及分类。

Terms Docs	来源	了\n	两个	辽宁	南京	你\n	平台	情况	请\n关注
1	0.00294	0.00000	0	0	0.0000	0.0000	0.0000	0.00000	0.01034
2	0.00559	0.00000	0	0	0.0286	0.0000	0.0000	0.00000	0.00000
3	0.00377	0.00000	0	0	0.0000	0.0000	0.0000	0.00901	0.00663
4	0.00266	0.00000	0	0	0.0000	0.0144	0.0000	0.00000	0.00934
5	0.00152	0.00000	0	0	0.0000	0.0000	0.0000	0.00000	0.00533
6	0.00200	0.00391	0	0	0.0000	0.0000	0.0000	0.00477	0.00000
7	0.00502	0.00000	0	0	0.0770	0.0000	0.0000	0.00000	0.00000
8	0.00169	0.00663	0	0	0.0000	0.0000	0.0571	0.00000	0.00000
9	0.00200	0.00000	0	0	0.0000	0.0000	0.0000	0.00000	0.00000
10	0.00240	0.00000	0	0	0.0000	0.0000	0.0000	0.00000	0.00843

图 1-2　特征向量矩阵

1.6.3.2　词云统计

我们通过 R 软件中的相关包对各类文本进行分词,去掉停止词以后,统计其他词汇出现的频率,分别得到每种类型的文章中,出现频率较高的若干关键词,并画出云图,根据其结果,我们也可以得到一些启发。接下来我们选取其中几个具有代表性的类型进行详细说明。

1. 财经类

根据运行结果,我们得知财经类文本中有以下一些出现频率较高的关键词,从多到少排序依次为:银行、银行卡、信用卡、元、利息、透支、先生、滞纳金、信息、短信。显然这些词汇都是财经类文章中经常会涉及的对象,也验证了我们的操作过程是正确的,结果是合理的(见图 1-3)。

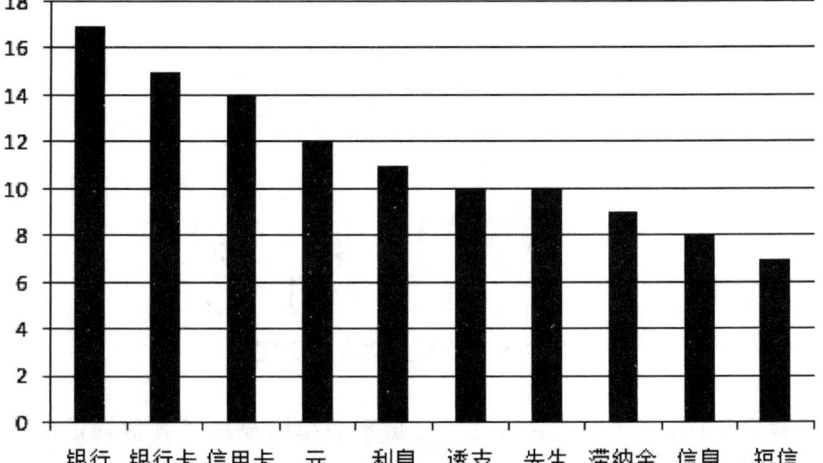

图 1-3　财经类文本词云统计

接下来我们进一步做出其对应的词云图,关键词语出现的频率越高,对应文字的字体就越大,并且不同大小的词语用不同颜色表示,也就是说,相同颜色的词汇,其出现频率基本相同,如图 1-4 所示。

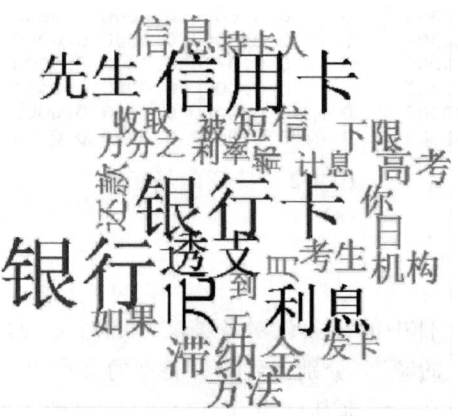

图 1-4　财经类文本词云图

根据这一云图,我们可以与财经类的文章清楚地对应起来,对于未知类型的文章,也主要根据上述词汇出现的频率来判断是否属于财经类。

2. 教育类

教育类文章分析得到的特征词汇情况如图 1-5 所示。

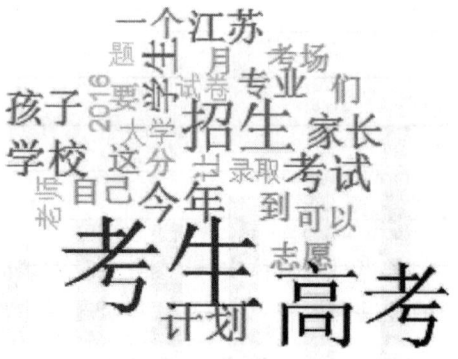

图 1-5　教育类文本词云图

教育类词云图中,考生和高考是出现频率明显高于其他词汇的关键词,一方面这确实符合我们的常识,另一方面我们也可以推测,这些新闻文本应该对应于 6 月份的重大事项。由此,我们也可以发现,对于微信新闻的文本挖掘,不仅可以了解到文本所属的类别,也可以根据其关键词汇推测新闻对应的时间。这也提供了另一种提高分类器表现的思路,就是在关键词汇中考虑加入新闻发表时间前后的重大相关事件关键词。比如说,如果新闻是在年末时段,那我们可以在教育类新闻的关键词中加入"考研"等相关词汇。

3. 头条新闻

根据如图 1-6 所示云图,我们发现头条新闻中的词汇与其他类型的文章相比,有一个明显的特点:多样性。这是因为头条新闻不像其他类型的文本一样,只局限于某一个特定的领域,而是涉及我们生活的方方面面。也正因为这一特点,头条新闻被分到其他类型中的可能性也相对比较大,分类的准确度可能较低。

图 1-6　头条新闻词云图

另外,我们注意到云图中有一个数字:2016。这也说明新闻具有很强的时效性,要求明确事件发生的具体时间。由此,我们也可以得到一个提高分类准确度的启发:要结合当时的具体实际,参考文章发表时间所发生的重大事件,将其列入分类的关键词汇中,如果文章甚至题目中出现当时的重大事件相关词汇,则应该推荐文章列入头条新闻类。

4. 社会类

社会类在所有文章中占到将近一半的比例,能否正确区别社会类文本对分类器的优劣评价影响重大。在图 1-7 中,我们发现,352 篇社会类文章中,频繁出现的词汇只三个:江苏、新闻、孩子。这在一定程度上说明,样本量越大,其特征向量越明显。在这里也可以初步预测,如果样本量较小,我们的分类器表现可能不会很好。

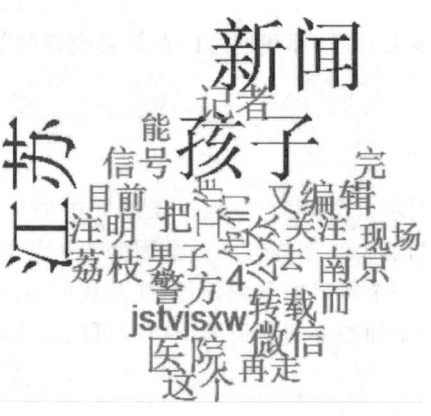

图 1-7　社会类文本词云图

5. 其他

以下直接列出各个类型的文本中,挖掘出来的关键词云图如表 1-2 所示。

表 1-2　挖掘出来的关键词云图

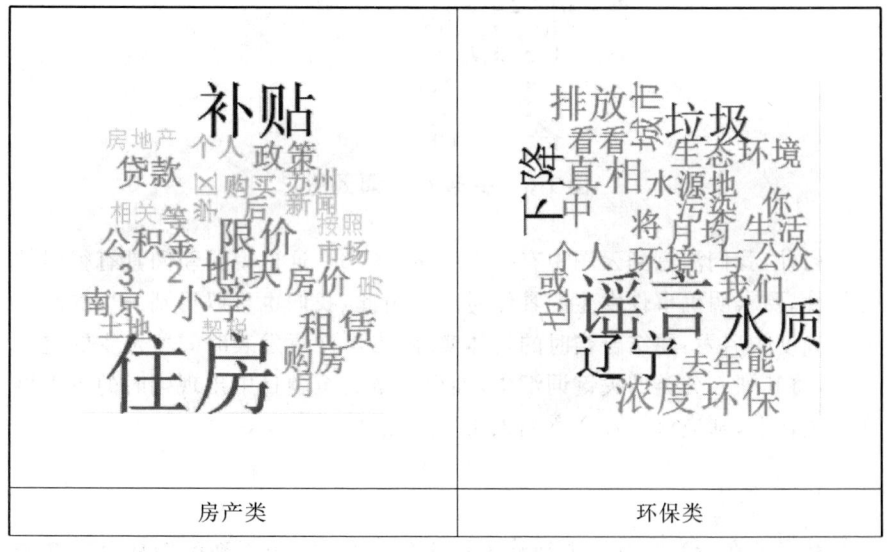

房产类	环保类

续表

活动类	健康类
科技类	旅游类

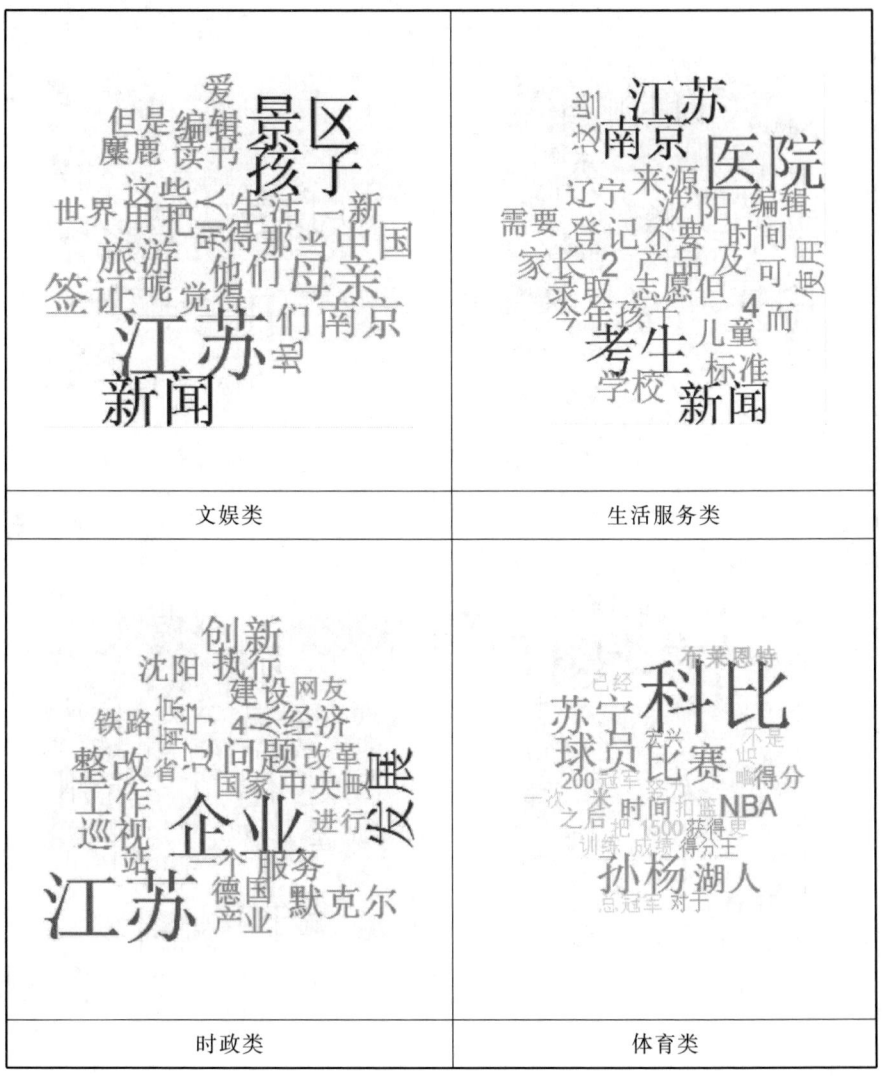

文娱类	生活服务类
时政类	体育类

1.6.3.3 文本分类与比较

　　本文中数据带有类别标签的样本共 779 个,还有待分类的样本有 6 个,共 785 个样本。在建立模型中,首先利用前 600 个样本作为训练集,第 601～779 作为测试集,用于检验模型的分类效果,对各个模型做粗略的比较。表 1-3 给出各个分类模型对测试集分类的错误率。

表 1-3 各种分类方法的错分率

分类模型	KNN	朴素贝叶斯	决策树	bagging	随机森林	神经网络	支持向量机
错误率	52.50%	55.30%	51.40%	46.90%	0.00%	14.20%	10.00%

可以看出随机森林的分类效果最佳。为了更加准确地评估分类模型的优劣,下面将采用 k 折交叉验证的方法来比较分类的平均错误分类率。

这里采用 5 折交叉验证,得到不同模型的分类错误率,如图 1-8 所示。

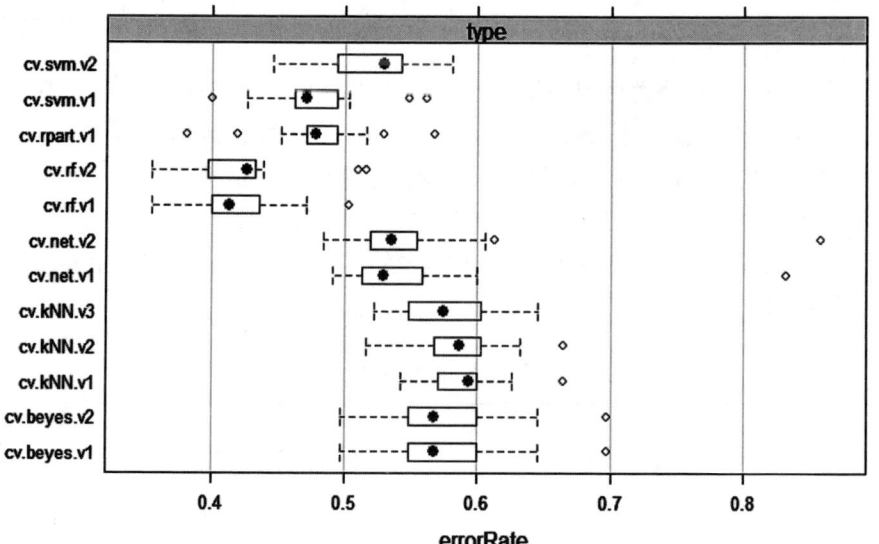

图 1-8 各种分类方法的交叉验证结果

由上图可以看出,cv. rf. v1 模型分类效果最佳,平均分类错误率为 42.0%,即参数 ntree＝200 时的随机森林模型的分类最优,这一点与之前直接人工划分训练集和测试集所得的结论一致。

1.6.3.4 分类结果预测

各个模型对待分类文本的预测结果如表 1-4 所示。

表 1-4 不同分类方法的预测结果

样本编号	780	781	782	783	784	785
KNN	社会	社会	社会	文娱	文娱	社会
朴素贝叶斯	生活服务	生活服务	文娱	文娱	教育	生活
决策树	教育	教育	教育	教育	教育	教育
bagging	教育	教育	教育	教育	教育	教育
随机森林	教育	教育	教育	教育	教育	教育
神经网络	健康	健康	社会	文娱	教育	健康
支持向量机	社会	社会	社会	社会	社会	社会

不同方法对分类得到的结果预测的差别较大,而 bagging 和随机森林作为决策树方法的扩展,这三种分类算法得到的预测结果完全相同。KNN、朴素贝叶斯和神经网络方法的预测结果较为灵活多样。支持向量机方法则倾向于认为它们属于现有数据中占比最高的"社会"类。

于是最终选用的最佳模型为随机森林,并得到对待分类的 6 个样本的分类结果。通过人工查看总结分析也可得出每个文本的类别(表 1-5)。

表 1-5 文本类别表

样本编号	780	781	782	783	784	785
随机森林	教育	教育	教育	教育	教育	教育
人工识别	教育	教育	教育	非教育	非教育	教育

最终分类结果与人工分类结果的吻合度为 66.7%。

1.6.4 结果与分析

根据本文对于新闻微信公众号发表的文章中的 16 种类型的文本挖掘的结果,以及 7 种分类方法的对比表现,我们可以大致总结出以下一些结论和启发:

(1)由于计算机对于文字理解的困难中文文本挖掘,具有较大的难度,以及样本数据容量不够大,导致分类结果不甚理想;

(2)由于其分类思想的不同、不同的分类方法,会导致相同数据下完全不同的结果,同一种方法,参数设置的差异同样会导致不同表现的结果。

同时,我们也可以从中得到一些启发:

(1)文本挖掘需要与自然语言处理方法结合起来,只有在充分理解的基础上,才能做出准确的判断,得到正确的结果;

(2)在实际中,我们不能完全依赖计算机代替我们完成每一件事情,它只能在一定程度上帮助我们减少工作量,在理论技术真正成熟之前,我们还需要将人工与计算机结合,才能做到精益求精。

(3)我们应该根据具体情况选择合适的分类方法,必要时可以将可用的所有方法进行对比,即使是同一种方法,也需要选择合适的参数,权衡模型的精度与灵活度。

第 2 章　大数据产业发展史

我国大数据产业的发展有三个阶段:一是大数据概念的认知深化阶段,二是大数据产业战略布局阶段,三是大数据运用落地阶段。

2.1　大数据概念认知深化阶段

我国对大数据最早的关注是在 2012 年 8 月,国家统计局召开大数据应用研究座谈会,并将在大数据时代运用现代信息技术建立统计云架构作为研究目标。11 月,国家统计局总统计师鲜祖德会见美国华裔大数据专家,表达国家对大数据应用的重视,同时成立了运用大数据处理推进统计方法制度改革课题组,从而改进政府统计工作。同年 12 月在上海开展了大数据应用调研活动,国家发改委将数据分析软件开发和服务列入专项指南;广东省启动了《广东省实施大数据战略工作方案》;北京成立"中关村大数据产业联盟";重庆市和上海市分别发布了《重庆市大数据行动计划》《上海推进大数据研究与发展三年行动计划》。

2013 年 2 月,国家统计局召开大数据工作会议。3 月 4 日,重点讨论并部署大数据在政府统计工作中的应用的研究工作。随后在百度公司调研,与相关专家深入交流。同年 11 月 19 日,国家统计局局长马建堂出席并与上海钢联(300226)电子商务股份有限公司、山东卓创资讯集团有限公司、58 同城信息技术有限公司、天云融创数据科技(北京)有限公司、中国联合网络通信有限公司、天脉聚源(北京)传媒科技有限公司、百度在线网络技术(北京)有限公司、阿里巴巴(中国)有限公司、纽海信息技术(上海)有限公司、昆明泛亚有色金属交易所股份有限公司和南京擎天科技有限公司共 11 家企业签订战略合作框架协议时强调,优势互补,携手共赢,共同开创我国大数据统计应用的美好未来。2013 年,科技部将大数据列入 973 基础研究计划;2013 年度国家自然基金指南中,管理学部、信息学部和数理学部将大数据列入其中。

2014 年 2 月 25 日,国家统计局局长马建堂考察忠诚国家自主创新示范区、中关村数海大数据交易平台和京东商城,强调加大合作力度,打造政府数据来源第二轨,以求统计设计更加真实准确,为社会提供更优质的服务。4 月 4 日,马建堂来到阿里巴巴集团进行调研,与企业负责人探讨利用网络平台日常交易产生的大数据完善贸易统计的构想。5 月 8 日,马建堂赴上海调研大数据的应用现状;5 月 20 日,在百度公司调研大数据生产及应用情况。7 月 9 日,科研所所长潘璠到访中国联通,与联通研究院及集团负责人就大数据合作事宜深入座谈交流;8 月 22 日,到访顺丰速运有限公司,和阿里巴巴一达通企业服务有限公司做深入沟通交流。

　　这一阶段通过一系列的座谈研讨调研等活动对大数据概念的认知逐渐走向明朗清晰。大数据的实践运用总是要领先于理论,在众多企业已将数据作为生产力时,概念都尚未认知清晰,理论就更远了。国家统计局作为大数据的牵头单位,通过调研致力于开拓打造政府数据来源的第二轨,先行主要以与 11 家企业签订战略合作框架协议的形式进行合作,实现数据共享,优势互补,从而更好地服务于经济社会发展。

2.2　大数据产业战略布局阶段

　　自索洛(Robert M. Solow)找到了经济增长的源泉,除传统生产要素(如劳动力、资本)外,还有剩余的部分——技术进步(索洛余值)后,技术的发展和进步已经成为经济增长的新引擎。全球各大经济体都致力于科学研究和技术开发。大数据又称为大数据技术,是科学技术发展的产物,是在从纷杂数据中提取信息上升为智慧的基础,为经济增长提供不竭的动力。

　　在大数据产业布局阶段,不难发现诸如物联网、云计算和人工智能以及工业 4.0 等的词汇与大数据高度相关。在产业布局阶段首先需要理解这些词汇的关系,才能理清大数据产业布局的相关配套政策背后的逻辑。互联网正在向着与人类大脑高度相似的方向进化,它将具备自己的视觉、听觉、触觉、运动神经系统,也会拥有自己的记忆神经系统、中枢神经系统、自主神经系统,这个完整的系统称为互联网云脑。物联网本质上是互联网云脑的中枢神经系统及其所控制的感觉神经系统和运动神经系统。云计算是互联网云脑的中枢神经系统通过服务器、网络操作系统、神经元网络、大数据和基于大数据的人工智能算法对互联网云脑的其他组成部分进行控制。人工智能是互联网云脑产生智慧智能的动力源泉,可以与大数据结合通过诸如深度学习、机器学习等算法提升智慧。工业 4.0 和工业互联网是互联网云脑的运动神经系统,其包含很多其他专业的前沿技术。而大数据则是互联网云脑各神经系统在运转过程中传输和积累的有价值的信息。随着互联网的快速进化而急速膨胀,体量非常巨大,是互联网云脑产生智慧智能的基础。互联网云脑就像人类的大脑一样将数据、计算、神经元、节点有机结合起来,打造智慧城市,为我们的生产生活提供更加智慧智能的服务。

我国对大数据产业发展的布局有三个重要的节点。

其一,转变发展观念。在 2015 年 3 月 5 日召开的十二届全国人大三次会议上,国务院总理李克强在政府工作报告中首次提出"互联网 +"行动计划。这一行动计划可以视为将国内大数据产业上升为国家战略。如果说此前国家政府及企业所做出的努力是在了解什么是大数据产业,那么在此之后将转变经济社会发展观念,将经济发展的重点转移到探讨大数据产业如何发展上来。

其二,产业战略布局。2015 年 8 月,国务院印发《促进大数据发展行动纲要》(国发〔2015〕50 号)的通知,为全面推进我国大数据发展和应用以及加快建设数据强国制定了行动纲要。如果说"互联网 +"行动计划是大数据在国内萌芽的时期,那么"纲要"则是大数据产业规划及发展的战略布局、顶层设计及工作部署,明确了大数据产业该做什么,怎么做。

其三,发展理念提升。2017 年 7 月 8 日,国务院印发《新一代人工智能发展规划》。人工智能的迅速发展将深刻改变人类社会生活,并改变世界。规划的主要目的和意义是抢抓人工智能发展的重大战略机遇,构筑我国人工智能发展的先发优势,从而加快建设创新型国家和世界科技强国。

我国从对大数据的认知得到深化以来,国家高度重视大数据产业发展布局,政府转变发展理念,将大数据产业作为发展战略。截至 2016 年 5 月,国务院、工信部、发改委、科技部、国信办等部门相继发布出台 20 项配套发展政策措施(相关政策文件见表 2-1,详细内容见附录一),全力打造大数据等相关产业的高速高质量发展。

表 2-1　国家层面政策汇编(2015—2018)

发文时间	发文单位	政策文件名称
20150106	国务院	《国务院关于促进云计算创新发展培育信息产业新业态的意见》
20150305		十二届全国人大三次会议
20150624	国务院办公厅	《国务院办公厅关于运用大数据加强对市场主体服务和监管的若干意见》

续表

发文时间	发文单位	政策文件名称
20150831	国务院办公厅	《促进大数据发展行动纲要》
20151016	工信部	《云计算综合标准化体系建设指南》
20160107	发改委	《关于组织实施促进大数据发展重大工程的通知》
20160518	发改委 国信办	《"互联网＋"人工智能三年行动实施方案》
20160905	国务院	《政务信息资源共享管理暂行办法》
20161230	工信部	《大数据产业发展规划（2016—2020 年）》
20170117	工信部	《信息通信行业发展规划（2016—2020 年）》
20170410	工信部	《云计算发展三年行动计划（2017—2019 年）》
20170503	国务院	《政务信息系统整合共享实施方案》
20170629	科技部	《国家科技企业孵化器"十三五"发展规划》
20170630	发改委，国信办	《政务信息资源目录编制指南（试行）》
20170708	国务院	《新一代人工智能发展规划》
20171018		十九大报告
20171019	发改委	《关于开展政务信息系统整合共享应用试点的通知》
20171213	工信部	《促进新一代人工智能产业发展三年行动计划（2018—2020 年）》
20180105	国信办	《公共信息资源开放试点工作方案》
20180317	国务院	《科学数据管理办法》

2.2.1　云计算

（1）2015 年 1 月 6 日，国务院发布了《关于促进云计算创新发展培育信息产业新业态的意见》，指出云计算是推动信息技术能力实现按需供给、促进信息技术和数据资源充分利用的全新业态，是信息化发展的重大变革和必然趋势。发展云计算，有利于分享信息知识和创新资源，降低全社会创业成本，培育形成新产业和新消费热点，对稳增长、调结构、惠民生和建设创新型国家具有重要意义。当前，全球云计算处于发展初期，我国面临难得的机遇，但也存在服务能力较薄弱、核心技术差距较大、信息资源开放共享不够、信息安全挑战突出等问题。重建设轻应用、数据中心无序发展苗头初步显现。

发展目标:到 2017 年,云计算在重点领域的应用得到深化,产业链条基本健全,初步形成安全保障有力,服务创新、技术创新和管理创新协同推进的云计算发展格局,带动相关产业快速发展。服务能力大幅提升,创新能力明显增强,应用示范成效显著,基础设施不断优化,安全保障基本健全。到 2020 年,云计算应用基本普及,云计算服务能力达到国际先进水平,掌握云计算关键技术,形成若干具有较强国际竞争力的云计算骨干企业。云计算信息安全监管体系和法规体系健全。大数据挖掘分析能力显著提升。云计算成为我国信息化重要形态和建设网络强国的重要支撑,推动经济社会各领域信息化水平大幅提高。

主要任务:增强云计算服务能力;提升云计算自主创新能力;探索电子政务云计算发展新模式;加强大数据开发与利用;统筹布局云计算基础设施;提升安全保障能力。

保障措施:完善市场环境;建立健全相关法规制度;加大财税政策扶持力度;完善投融资政策;建立健全标准规范体系;加强人才队伍建设;积极开展国际合作。

(2)2015 年 10 月 16 日,工信部发布《云计算综合标准化体系建设指南》。云计算通过网络将分散的计算、存储、软件等资源进行集中管理和动态分配,使信息技术能力如同水和电一样实现按需供给,具有快速弹性、可扩展、资源池化、广泛网络接入和多租户等特征,是信息技术服务模式的重大创新。云计算是战略性新兴产业重要组成部分,推进云计算健康快速发展,对加速产业转型升级、促进信息消费、建设创新型国家具有重要意义。我国云计算生态系统主要涉及硬件、软件、服务、网络和安全五个方面。

(3)2017 年 4 月 10 日,工信部推出《云计算发展三年行动计划(2017—2019 年)》。云计算是信息技术发展和服务模式创新的集中体现,是信息化发展的重大变革和必然趋势,是信息时代国际竞争的制高点和经济发展新动能的助燃剂。云计算引发了软件开发部署模式的创新,成为承载各类应用的关键基础设施,并为大数据、物联网、人工智能等新兴领域的发展提供基础支撑。云计算能够有效整合各类设计、生产和市场资源,促进产业链上下游的高效对接与协同创新,为"大众创业、万众创新"提供基础平台,已成为推动制造业与互联网融合的关键要素,是推进制造强国、网络强国战略的重要驱动力量。

党中央、国务院高度重视以云计算为代表的新一代信息产业发展,发布了《国务院关于促进云计算创新发展培育信息产业新业态的意见》(国发〔2015〕5 号)等政策措施。在政府积极引导和企业战略布局的推动下,经过社会各界共同努力,云计算已逐渐被市场认可和接受。"十二五"末期,我国云计算产业规模已达 1500 亿元,产业发展势头迅猛、创新能力显著增强、服务能力大幅提升、应用范畴不断拓展,已成为提升信息化发展水平、打造数字经济新动能的重要支撑。但也存在市场需求尚未完全释放、产业供给能力有待加强、低水平重复建设现象凸现、产业支撑条件有待完善等问题。为进一步提升我国云计算发展与应用水平,积极抢占信息技术发展的制高点,制定本行动计划。

发展目标:到 2019 年,我国云计算产业规模达到 4300 亿元,一批核心关键技术实现突破,云计算服务能力达到国际先进水平,对新一代信息产业发展的带动效应显著增强。云计算在制造、政务等领域的应用水平显著提升。云计算数据中心布局得到优化,使用率和集约化水平显著提升,绿色节能水平不断提高,新建数据中心 PUE 值普遍优于 1.4。发布云计算相关标准超过 20 项,形成较为完整的云计算标准体系和第三方测评服务体系。云计算企业的国际影响力显著增强,涌现 2～3 家在全球云计算市场中具有较大份额的领军企业。云计算网络安全保障能力明显提高,网络安全监管体系和法规体系逐步健全。云计算成为信息化建设主要形态和建设网络强国、制造强国的重要支撑,推动经济社会各领域信息化水平大幅提高。

2.2.2　大数据

(1)2015 年 6 月 24 日,国务院办公厅印发《关于运用大数据加强对市场主体服务和监管的若干意见》。围绕使市场在资源配置中起决定性作用和更好发挥政府作用,推进简政放权和政府职能转变,以社会信用体系建设和政府信息公开、数据开放为抓手,充分运用大数据、云计算等现代信息技术,提高政府服务水平,加强事中事后监管,维护市场正常秩序,促进市场公平竞争,释放市场主体活力,进一步优化发展环境。主要目标是提高大数据运用能力,增强政府服务和监管的有效性;推动简政放权和政府职能转变,促进市场主体依法诚信经营;提高政府服务水平和监管效率,降低服务和监管成本;政府监管和社会监督有机结合,构建全方位的市场监管体系。

(2)2015 年 8 月 31 日,国务院办公厅出台《促进大数据发展行动纲要》。提出大数据是以容量大、类型多、存取速度快、应用价值高为主要特征的数据集合,正快速发展为对数量巨大、来源分散、格式多样的数据进行采集、存储和关联分析,从中发现新知识、创造新价值、提升新能力的新一代信息技术和服务业态。信息技术与经济社会的交汇融合引发了数据迅猛增长,数据已成为国家基础性战略资源,大数据正日益对全球生产、流通、分配、消费活动以及经济运行机制、社会生活方式和国家治理能力产生重要影响。目前,我国在大数据发展和应用方面已具备一定基础,拥有市场优势和发展潜力,但也存在政府数据开放共享不足、产业基础薄弱、缺乏顶层设计和统筹规划、法律法规建设滞后、创新应用领域不广等问题,亟待解决。为贯彻落实党中央、国务院决策部署,全面推进我国大数据发展和应用,加快建设数据强国,特制定本行动纲要。

(3)2016 年 12 月 30 日,工信部发布《大数据产业发展规划(2016—2020 年)》。数据是国家基础性战略资源,是 21 世纪的"钻石矿"。党中央、国务院高度重视大数据在经济社会发展中的作用,党的十八届五中全会提出"实施国家大数据战略",国务院印发《促进大数据发展行动纲要》,全面推进大数据发展,加快建设数据强国。"十三五"时期是我国全面建成小康社会的决胜阶段,是新旧动能接续转换的关键时期,全球新一代信息产业处于加速变革期,大数据技术和应用处于创新突破期,国内市场需求处于爆发期,我国大数据产业面临重要的发展机遇。抢抓机遇,推动大数据产业发展,对提升政府治理能力、优化民生公共服务、促进经济转型和创新发展有重大意义。为推动我国大数据产业持续健康发展,深入贯彻十八届五中全会精神,实施国家大数据战略,落实国务院《促进大数据发展行动纲要》,按照《国民经济和社会发展第十三个五年规划纲要》的总体部署,编制本规划。

(4)习主席在十九大报告中重点提到了互联网、大数据和人工智能在现代化经济体系中的作用,"建设现代化经济体系,必须把发展经济的着力点放在实体经济上,把要提供给体系质量作为主攻方向,显著增强我国经济质量优势。加快建设制造强国,加快发展先进制造业,推动互联网、大数据、人工智能和实体经济深度融合,在中高端消费、创新引领、绿色低碳、共享经济、现代供应链、人力资本服务等领域培育新增长点,形成新动能。""经济结构不断优化,数字经济等新兴产业蓬勃发展""加强应用基础研究,拓展实施国家重大科技项目,突出关键共性技术、前沿引领技术、现代工程技术、颠覆性技术创新,为建设科技强国、质量强国、航天强国、网络强国、交通强国、数字中国、智慧社会提供有力支撑""增强改革创新本领,保持锐意进取的精神风貌,善于结合实际创造性推动工作,善于运用互联网技术和信息化手段开展工作"。报告高度关注智能科技创新成果,首次写入人工智能,呼吁推进智能化,提高社会治理社会化、法制化、智能化、专业化水平与加快军事智能化发展,提高就网络信息体系的联合作战能力、全域作战能力。

2.2.3　物联网

2017 年 1 月 17 日,工信部发布《信息通信行业发展规划物联网分册(2016—2020 年)》,提出物联网是新一代信息技术的高度集成和综合运用,对新一轮产业变革和经济社会绿色、智能、可持续发展具有重要意义。"十二五"时期,我国物联网发展取得了显著成效,与发达国家保持同步,成为全球物联网发展最为活跃的地区之一。"十三五"时期,我国经济发展进入新常态,创新是引领发展的第一动力,促进物联网、大数据等新技术、新业态广泛应用,培育壮大新动能成为国家战略。当前,物联网正进入跨界融合、集成创新和规模化发展的新阶段,迎来重大的发展机遇。为推动物联网产业健康有序发展,制定信息通信业"十三五"规划物联网分册。本规划依据《国民经济和社会发展第十三个五年规划纲要》及《国务院关于推进物联网有序健康发展的指导意见》等相关文件编制而成,是指导物联网产业未来五年发展的指导性文件。

2.2.4　人工智能

(1)2016 年 5 月 18 日,国家发展改革委、科技部、工业和信息化部、中央网信办制定了《"互联网＋"人工智能三年行动实施方案》。总体目标是贯彻落实创新、协调、绿色、开放、共享发展理念,以提升国家经济社会智能化水平为主线,着力突破若干人工智能关键核心技术,增强智能硬件供给能力。着力加强产业链协同和产业生态培育,提升公共创新平台服务能力。着力加强人工智能应用创新,引导产业集聚发展,促进人工智能在国民经济社会重点领域的推广。加快发展"互联网＋"新模式新业态,培育壮大人工智能产业,为打造大众创业、万众创新和增加公共产品、公共服务"双引擎"提供有力支撑。

(2)2017 年 7 月 8 日,国务院出台《新一代人工智能发展规划》。人工智能的迅速发展将深刻改变人类社会生活、改变世界。为抢抓人工智能发展的重大战略机遇,构筑我国人工智能发展的先发优势,加快建设创新型国家和世界科技强国,按照党中央、国务院部署要求,制定本规划。

2.3 大数据运用落地阶段

2.3.1 八大综合试验区大数据产业政策

为推动国务院《促进大数据发展行动纲要》的落地实施,2015 年 9 月,贵州启动全国首个大数据综合试验区建设工作。同年 10 月,第二批获批建设国家级大数据综试区的省份名单发布,包括两个跨区域类综试区(京津冀、珠江三角洲)、四个区域示范类综试区(上海、河南、重庆、沈阳)和一个大数据基础设施统筹发展类综试区(内蒙古)。

2.3.1.1 贵州大数据综合试验区

2014 年 2 月 25 日,依据《国务院关于进一步促进贵州经济社会又好又快发展的若干意见》《黔中经济区发展规划》《"十二五"国家战略性新兴产业发展规划》以及《中共贵州省委贵州省人民政府关于加快信息产业跨越发展的意见》《贵州省人民政府关于加快培育和发展战略性新兴产业的若干意见》等文件的部署和要求,贵州省出台《关于加快大数据产业发展应用若干政策的意见》和《贵州省大数据产业发展应用规划纲要(2014—2020 年)》(以下简称纲要)。

贵州发展大数据有其自身独有的机遇和优势。国家 35 个部委与贵州签署合作协议,并相继出台政策文件全力支持贵州发展大数据产业,这为产业发展提供了政策保障。贵州省重视电子信息产业发展,具备一定的产业基础。贵州省已进入工业化、城镇化加速发展阶段,推动改革发展转型、提高经济增长的质量和效益为大数据产业发展提供市场需求。贵州省发展大数据产业的优势显著,贵州气候环境优良,地质结构稳定,具备发展的生态优势;水煤资源丰富,电力价格低廉,具备能源优势;地理位置特殊,具备交通日趋便利的区位优势;贵州是西部重要的增长极,内陆开放的新高地,具备战略优势。

《纲要》指出大数据产业发展的基本原则是应用驱动、创新引领,坚持以应用需求为导向,"应用、数据、技术"三位一体协同发展;政府引导、企业主体,发挥政府统筹作用,加大引导力度,优化政策环境,发挥市场在资源配置中的决定性作用,以企业作为创新发展的主体,形成政、产、学、研、用联合推进的良好机制;聚焦高端、确保安全,依托贵州省特色优势,围绕大数据分析处理等核心环节和大数据明星企业打造。

2014 年 5 月 14 日,贵阳市发布《贵阳市大数据产业行动计划(2014—2016)》,主要任务是完成四项工程,实施"强基工程",打造西部区域通信枢纽;实施"筑云工程",形成大数据云服务产业集群;实施"智端工程",打造智能终端产业集群;实施"掘金工程",培育大数据应用市场。规划建立"一轴两基地多园"的大数据产业空间布局。一轴是大数据产业轴。两基地是大数据存储基地、云平台应用基地。多园是各区(市、县)大数据特色产业园。

贵阳大数据交易所(Global Big Data Exchange,简称 GBDEx)在贵州省政府、贵阳市政府的支持下,于 2014 年 12 月 31 日成立,2015 年 4 月 14 日正式挂牌运营,是我国乃至全球第一家大数据交易所,2017 年 4 月 25 日入选国家大数据(贵州)综合试验区首批重点企业。2015 年 5 月 8 日,国务院总理李克强批示贵阳大数据交易所:希望利用"大数据×",形成"互联网＋"的战略支撑。截至 2018 年 3 月,贵阳大数据交易所发展会员数目突破 2000 家,已接入 225 家优质数据源,经过脱敏脱密,可交易的数据总量超 150PB,可交易数据产品达 4000 余个,涵盖三十多个领域,成为综合类、全品类数据交易平台。

2015 年 3 月,贵阳市出台《贵安新区推进大数据产业发展三年计划(2015—2017)》。贵阳·贵安新区三年内将培育 10 家核心龙头企业、500家大数据应用和服务企业,引进和培养 2000 名大数据产业人才梯队,建成国内重要的大数据产业示范区;建设 6 个以上行业资源云平台,支持 6 类以上大数据商业应用系统的研制,支撑智慧城市建设;创新投融资方式,力争大数据发展基金、大数据创业投资基金等资金规模达到 20 亿元,通过大数据带动相关产业规模达到 1500 亿元。

2016 年 1 月 15 日,贵州省发布《贵州省大数据发展应用促进条例》。《条例》意在推动大数据发展应用,运用大数据促进经济发展、完善社会治理、提升政府服务管理能力、服务改善民生,培育壮大战略性新兴产业。

2016 年 3 月 1 日,国家大数据(贵州)综合试验区获批成立,成为首个国家级大数据综合试验区,将在数据资源管理与共享开放、数据中心整合、数据资源应用等方面开展系统性试验。

2018 年,贵州省出台《贵州省推动大数据与工业深度融合发展工业互联网实施方案》。重点任务是实施网络基础夯实、平台培育打造、企业登云用云、产业引进培育、先行先试创新、融合应用示范以及安全体系保障八项工程。

2019 年 3 月 8 日,政府印发《贵州省大数据战略行动 2019 年工作要点》,旨在深入实施数字经济、数字治理、数字民生、数字设施、数字安全五大攻坚战,加快推进数字产业化、产业数字化,加快建设"数字贵州",持续推动大数据融合发展取得新成效。

2.3.1.2 京津冀大数据综合试验区

2016 年 8 月 18 日,北京市人民政府办公厅发布《北京市大数据和云计算发展行动计划(2016—2020 年)》。《行动计划》的发展目标是到 2020 年,大数据和云计算创新发展体系基本建成,成为全国大数据和云计算创新中心、应用中心和产业高地。建成国内领先、国际一流的大数据和云计算基础设施,打造具备全国示范水平的基础公共云平台,培育形成完善的大数据和云计算创新创业发展环境。公共大数据融合开放取得实质性进展,公共数据开放单位超过 90%,数据开放率超过 60%,数据开放质量和使用率大幅提升。大数据和云计算在经济社会发展中的应用取得良好效果,打造 10 个以上大数据和云计算创新应用示范工程,提升政府治理、城市管理、公共服务、产业转型升级的智能化水平。培育 20 家以上面向全球的平台型龙头企业,大数据和云计算企业总数达到 500 家以上,打造千亿元级产业集群,形成首都新的经济增长点。

2018 年 12 月 14 日,天津市出台《天津市促进大数据发展应用条例》,为天津市大数据发展应用提供了重要的法治保障,标志着天津大数据发展应用步入一个新的阶段,对于深入推动国家大数据战略在天津的实施,加快完善数字基础设施,大力推进数据资源开放共享和开发应用,快速推动大数据技术产业创新发展,全力保障数据安全,加快构建以数据为关键要素的数字经济,全面提速数字天津建设等方面具有十分重要的意义和作用。

2019 年 5 月 27 日,天津市发布《天津市促进数字经济发展行动方案(2019—2023)》。旨在加快发展以数据资源为重要生产要素,以现代信息网络为主要载体,以人工智能为驱动力量,以信息通信技术融合应用、全要素数字化转型为重要推动力,促进公平与效率更加统一的新经济形态,打造"天津智港",助推全市经济发展质量变革、效率变革、动力变革。

2015 年 5 月 28 日,河北省政府出台《关于促进云计算创新发展,培育信息产业新业态的实施意见》,发展目标是促进云计算创新发展,培育信息产业新业态,推进信息资源高效利用,助推京津冀协同发展,为全省经济社会持续健康发展提供有力支撑。主要任务是围绕推动云计算创新发展,加快培育信息产业新业态,在云计算技术研发及产业化、云计算应用示范、信息基础设施建设和云安全保障等方面,组织实施云计算服务能力促进、云计算创新能力提升、云计算服务应用示范、电子政务集约化建设、数据资源开发共享、云计算产业链发展培育、云计算基础设施建设和云计算安全保障建设八项重点工程。

2016 年,石家庄市出台《关于推进大数据发展的实施意见》,提出到2020 年,建成全市政府数据共享开放平台,80％的市级部门公布数据开放清单和开放计划,率先在信用、交通运输、医疗、卫生、就业等重点领域实现公共数据资源依法依规向社会开放的目标。

河北省"十三五"规划(2015 年 11 月 11 日)提出,廊坊在京津冀协调发展中的战略定位是:科技研发及成果转化基地、战略新兴产业和现代服务业聚集区。在信息产业定位上,廊坊将打造河北省高端数据产业示范基地和河北省数据增值服务示范区。2016 年 5 月 24 日,廊坊市政府出台《廊坊大数据产业发展规划纲要》,提出核心载体打造、绿色数据中心建设、云上廊坊搭建、公共数据资源惠民、产业链补链强链和传统产业升级示范六项重点工程。

2018 年 3 月 22 日,河北省出台《河北省大数据产业创新发展三年行动计划(2018—2020 年)》。京津冀大数据综合试验区初步建成。2018 年,数据开放共享机制体制初步建立,环保、交通、旅游等民生重点领域试点示范取得初步成效;2019 年,大数据成为提升政府治理能力、推动产业升级的重要手段,张家口新能源、廊坊物流金融遥感、承德旅游、秦皇岛健康、石家庄大数据应用五个京津冀大数据应用示范区基本建成,在环保、交通、健康、旅游、教育等领域,大数据创新应用取得明显成效;2020 年,河北建成国内具有较强影响力的大数据产业体系,打造全国大数据产业创新中心、国家大数据应用先行区、产业创新应用高地。围绕大数据、互联网、人工智能与实体经济深度融合,加快大数据产业创新发展,组织实施六大行动,建设五个各具特色的大数据产业基地(示范区),实施三大融合创新应用工程,完善提升产业链条,开发一批关键核心技术,建设一批大数据管理应用平台,实施一批大数据应用示范项目,培育新业态、新模式,提升产业竞争力。

2.3.1.3　珠江三角洲大数据综合试验区

2012 年 8 月 23 日,广东省政府出台关于加快推进我省云计算发展的意见。

2016 年 4 月 22 日,广东省促进大数据发展行动计划(2016—2020 年)中明确,用 5 年左右时间,打造全国数据应用先导区和大数据创业创新集聚区,抢占数据产业发展高地,建成具有国际竞争力的国家大数据综合试验区。加快大数据基础设施建设,利用大数据提高社会治理能力,以大数据促进转型升级,打造新经济增长点。

2017 年 4 月 6 日,广东省政府发布《珠江三角洲国家大数据综合试验区建设实施方案》。其建设思路是坚持市场主导、创新驱动和示范带动,统筹汇集数据资源、促进数据流通,推进数据整合、共享、开放和运用,提升政府治理能力。大力推动大数据创业创新,发展新技术、新产业、新业态和新模式,培育新经济增长点。以数据流引领技术流、物质流、资金流、人才流,促进经济结构转型升级和一体化协调发展,加快建设数据强省,打造具有全球竞争优势的跨区域类综合试验区。发展目标是通过3年左右的探索实践,珠江三角洲国家大数据综合试验区开展大数据创新试验取得显著成效;大数据资源方面,汇聚政务、社会、行业和企业海量数据资源,数据基础设施高度集约,数据资源高度共享开放,数据资源权益得到有效保障;大数据应用方面,在社会治理、公共服务及行业发展等领域形成一批大数据创新应用示范,推动社会治理精准化、公共服务均等化,带动传统行业商业模式创新、经营管理方式变革,大数据综合应用居全国领先水平;大数据产业方面,涌现一批大数据新技术、新产品、新标准,基于大数据的创业创新和新兴业态蓬勃发展,大数据产业链进一步健全,形成大数据产业集聚发展态势,基本建成辐射带动效应强、示范引领作用显著、具备国际竞争力的跨区域类大数据综合试验区。

2018年7月20日,广东省经信委发布《广东省大数据标准体系规划与路线图(2018—2020)》,标准体系框架共划分为"基础—技术—安全—工具—应用—管理"等6类,采用树形结构,分层级展开,层与层之间是包含与被包含关系,平行层之间是平行并列关系。

同时,东莞、深圳、中山、广州、珠海及惠州等地市都相继出台了具体的行动计划和实施方案。

2.3.1.4 上海大数据综合试验区

2013年7月22日,上海市发布《上海推进大数据研究与发展三年行动计划(2013—2015年)》。其发展目标是凝聚上海大数据领域优势力量,研究大数据基础理论,攻克关键技术,研制大数据核心装备,形成大数据领域的核心竞争力,加速大数据资源的开发利用,推进行业应用,培育数据技术链、产业链、价值链,支撑智慧城市建设。

2016年9月15日,上海市出台《上海市大数据发展实施意见》,提出政务数据共享开放、社会数据交易流通、政府治理大数据、民生服务大数据、产业大数据、关键技术突破、产业发展支撑、数据资源开放创新、基础设施布局发展与网络和大数据安全保障十大专项工程。

2017年1月4日,上海市发布《上海市关于促进云计算创新发展培育信息产业新业态的实施意见》,意见提出新业态发展思路,培育扶持云计算骨干企业,形成产业生态,全面支撑移动互联网、大数据和"互联网+"行动计划,推动云端创新融合、"两化"深度融合,不断培育信息产业新业态,努力将云计算产业打造成为新常态下上海建设具有全球影响力科技创造中心的重要引擎。提到优化基础设施能级、增强云计算服务能力、自主研发云计算产品、支撑互联网创新发展、推动数据资源开发利用、拓展云计算应用示范、提升云计算安全保障能力以及健全产业发展服务体系八项主要任务。

2019 年 7 月 8 日,上海市经信委发布《上海市公共数据资源开放 2019 年度工作计划》。总体目标以"需求导向,统一标准、便捷高效、安全可控"为基本原则,探索研究分级分类开放模式,建立健全风险评估和安全保障机制,加快制定相关标准,提升开放数据治理和利用水平。推进多元主体合作交流,营造良好数据开放社会氛围,释放公共数据社会价值和市场价值,服务上海"五个中心"建设。2019 年,计划累计开放公共数据 4000 项,重点在医疗、旅游、交通、信用等领域深入推进,促进公共数据与行业数据的融合应用。

2.3.1.5　河南大数据综合试验区

2015 年 10 月 8 日,河南省政府出台《关于推进云计算大数据开放合作的指导意见》,指出适应新型工业化、信息化、城镇化、农业现代化同步发展和推进国家治理能力现代化的需要,以培育壮大云计算大数据产业为目标,以提升能力、深化应用为主线,加强顶层设计,坚持市场主导、统筹协调,围绕总体架构和关键环节,明确开放重点,创新合作模式,优化设施布局,扩展应用领域,加快形成广泛合作、优势互补、多元参与、充分竞争的发展新格局,为促进云计算大数据产业创新发展,实施"互联网+"行动提供有力支撑。

2017 年 4 月 8 日,河南省政府发布《河南省推进国家大数据综合试验区建设实施方案》,指出试验区既是国家实施大数据战略的重要载体,也是河南发掘信息资源、改善公共服务、提高治理能力、带动经济发展的重大战略平台,要不负使命、抓住机遇,按照"政府主导、企业参与、协同建设、开放共享"的原则加快建设,努力将试验区打造成为全国一流的大数据产业中心、数据应用先导区、创新创业集聚区。

2018 年 5 月 9 日,河南省政府出台《关于印发河南省大数据产业发展三年行动计划(2018—2020 年)》,着力构建"核心产业+创新应用+关联产业"三位一体的大数据产业体系,全面提升河南大数据资源开发能力、技术支撑能力和产业发展能力,力争成为全国一流的大数据产业中心。

2.3.1.6 重庆大数据综合试验区

2013 年 7 月 30 日,重庆市政府出台《重庆市大数据行动计划》,提出到2017 年,大数据技术在民生服务、城市管理及全市支柱产业发展等领域广泛应用,大数据产业成为我市经济发展的重要增长极,形成民生服务、城市管理和经济建设融合发展的新模式,构建起云端智能信息化大都市,成为具有国际影响力的大数据枢纽及产业基地。

2.3.1.7 沈阳大数据综合试验区

2015 年 10 月 19 日,辽宁省政府出台《辽宁省运用大数据加强对市场主体服务和监管的实施方案》,提出运用大数据的理念和技术,高效采集、有效整合、充分运用政府数据和社会数据,不断提高政府服务和监管的针对性、有效性;推动社会信用体系建设,促进市场主体依法诚信经营,构建公平诚信的市场环境;提高政府服务水平和监管效率,降低服务和监管成本;推动政府监管和社会监督有机结合,构建全方位的市场监管体系。

2018 年 5 月 22 日,沈阳市政府出台《沈阳市国家大数据综合试验区建设三年行动计划(2018—2020 年)》,提出总体目标是国家大数据综合试验区建设取得显著成效,以基础设施统筹、打破信息资源壁垒、发挥数据资源价值为主攻方向,形成若干可复制、能推广的标志性成果,实现全市数据资源全面统筹共享、城市治理能力现代化、产业聚集发展态势明显。到 2020年,大数据及相关产业规模突破 1000 亿元,实现数据流通与交易,培育大数据行业示范企业及园区 10 家,大数据及相关产业从业企业 500 家以上;初步建成低时延、高可靠、广覆盖的工业互联网网络基础设施,形成涵盖工业互联网关键核心环节的较完整产业链。

2.3.1.8 内蒙古大数据综合试验区

2016 年 11 月 4 日,内蒙古自治区政府出台《促进大数据发展应用若干政策》,指出内蒙古发展大数据产业具有得天独厚的优势和条件。推进大数据发展和应用,是促进我区经济结构转型升级的重要途径,是提升政府治理能力的重要技术手段,是培育发展战略性新兴产业的主攻方向。

2018 年 3 月 6 日,内蒙古自治区政府发布《2018 年自治区大数据发展工作要点》,全面落实国家大数据战略和自治区大数据发展总体规划,以建设国家大数据综合试验区为抓手,着力构建以数据为关键要素的数字经济,加快完善新一代信息基础设施建设,推动大数据技术产业创新发展,推进数据资源整合管理和共享开放,切实保障数据安全,不断提升政府治理能力现代化水平,建设数字内蒙古、智慧内蒙古,更好服务我区经济社会发展和民生改善。2018 年,继续加大重点项目建设力度,大数据产业产值增长 25％以上。

2018 年 4 月 29 日,内蒙古自治区政府发布《大数据与产业深度融合行动计划(2018—2020 年)》,提出为深入落实国家大数据战略,深化供给侧结构性改革,加快国家大数据综合试验区建设,推动大数据与产业深度融合,促进产业转型升级。内蒙古自治区人民政府办公厅近日印发了《内蒙古自治区大数据与产业深度融合行动计划(2018—2020 年)》,提出到 2020 年,建成 100 个以上自治区级典型示范项目,形成一批产业大数据云平台、产业创新创业中心和公共技术服务中心,培育一批大数据应用开发企业、大数据云平台服务商、大数据运营商、大数据云应用服务商,推动一批企业上云;形成一批创新应用解决方案,培育一批解决方案服务商;制定一批大数据与产业深度融合技术标准,初步建立评估指标体系和评价标准。

2.3.2　山西省大数据产业政策

2.3.2.1　产业政策

2015 年 12 月 9 日,省政府发布《关于运用大数据加强对市场主体服务和监管的实施意见》,指出围绕使市场在资源配置中起决定性作用和更好发挥政府作用,实现政府职能转变和管理服务创新,以社会信用体系建设和政府信息公开、数据开放为抓手,充分运用大数据、云计算等现代信息技术,推进简政放权、放管结合,提高政府服务能力和水平,加强事中事后监管,维护市场正常秩序,促进市场公平竞争,充分激发广大人民群众和市场主体的创业创新活力,进一步优化发展环境,推进大众创业、万众创新。

2017 年 3 月 13 日,省政府出台《山西省促进大数据发展应用若干政策》,包含用电优惠政策、数据开放共享政策、政府购买服务政策、用地保障政策、税收优惠政策、资金支持政策、科技创新政策等九个方面 25 项优惠服务政策。

2017 年 3 月 13 日,省政府制定并发布了《山西省大数据发展规划(2017—2020 年)》,提出我省在大数据发展中优势和时机凸显,机遇和挑战并存。必须树立新的资源观,增强紧迫意识,保持战略定力,加强统筹谋划,集中优势资源,着力在实施大数据战略上取得突破,促进全省经济转型发展。同时,省政府还制定了《山西省促进大数据发展应用 2017 年行动计划》。

2018 年 6 月 15 日,省政府制定了《山西省企业上云行动计划(2018—2020)》,提出云计算技术、产业、应用和服务体系及产业生态初步建立,形成一批国内一流的云计算服务商,"企业上云"意识和积极性明显提高,企业信息化水平明显提升,"企业上云"比例和应用深度在国内达到领先水平,数据共享与业务协同水平显著提高,国内影响力和辐射带动力进一步增强。力争利用 3 年时间,引进培育国内领先的云平台服务商 3~5 家,云应用服务商 150 家以上,全省上云企业突破万家,形成典型标杆应用案例 100 个,搭建省级体验中心 3~5 个。每年组织"企业上云"宣传培训 130 批次以上,3 年覆盖企业超过 3 万家的具体总目标。

2019 年 4 月 17 日,大数据发展领导小组办公室制定了《山西省促进大数据发展应用 2019 年行动计划》。

2.3.2.2 政策评述

2016 年以来,宏观经济存在很大的下行压力,意味着投资、进出口和消费这"三驾马车"正在失去前行的动力,经济增长后劲乏力。宏观政策将症结归因于供给侧有问题。寻求新的经济增长点成为宏观经济持续稳定增长的必经之路。创新作为经济增长的新引擎,提供了不竭的动力。而大数据产业无疑成为创新引领发展的主要业态。

笔者通过对大数据产业政策的梳理,以及对国家大数据综合试验区发展现状的调研,绘制政策地图,为大数据产业的发展提出具有前瞻性的产业政策,并对其进行实践可行性论证。通过研究区域差异性,结合山西省大数据产业基础,探索山西省大数据产业的发展路径,从而为能源大省的转型发展提供创新思路。

笔者对大数据产业的发展提出具有前瞻性的产业政策,具有较高的理论价值;同时,通过大数据产业政策地图的实践可行性论证,总结大数据应用产业化程度较高的行业领域经验,为其他领域的产业化应用提供可复制可借鉴的经验,从而明确大数据产业链构建和延伸的核心问题和关键技术;基于山西省的大数据产业基础,探明大数据产业化的发展路径。省内已有的研究主要是从山西省转型发展的思路和方向上给出了意见和建议,都将科技创新作为转型发展的新出路,即资源型经济向创新驱动型经济转变。郭丕斌等[17]从技术创新视角分析了山西资源型经济发展困境与出路。常涛等[18]认为,破解山西资源型经济困局,科技创新是关键驱动要素。郭泽光等[19]提出通过构建产业创新生态系统实现转型。

但基于山西的产业基础和省情,大数据作为一种新技术无疑是科技创新、探求新经济增长点的必然选择。2017 年 3 月 30 日,山西省发布了《山西省大数据发展规划（2017—2020 年）》和《山西省促进大数据发展应用2017 年行动计划》，重点针对大数据产业进行布局规划。马伟东[20]认为山西省应优先发展旅游业大数据。

省外对大数据产业的研究是在已构建了大数据产业链的基础上进行更深入的研究，大多集中于对大数据产业发展过程中出现的问题进行研究。

美国是最早将大数据产业作为发展战略的国家。2012 年，出台了《大数据研究和发展计划》，前期投入 2 亿多美元推动大数据技术研发。[21]

我国大数据产业发展起源于 2014 年政府工作报告对大数据的部署。2015 年国务院印发了《促进大数据发展行动纲要》，2016 年国家大数据"十三五"规划出台，已形成贵州、京津冀、珠江三角洲、上海、河南、重庆、沈阳、内蒙古八个大数据综合试验区。这些省市在制度创新、开放共享、创新应用、产业聚集等多个方面共同努力，对构建大数据产业链具有重要意义。[22]大数据产业链涵盖数据、技术、服务的提供者和使用者，是由基础设施、软件与技术、服务与应用、标准体系、用户、政府管理、产业等要素构成的有机整体。[23]

已有研究多是不同地域的特质性研究，然而不同地域发展大数据产业的区位优势、产业基础、优势资源、技术服务、技术人才等方面都存在很大的差异，根据山西省的省情规划布局大数据产业寻求新的经济增长点，为资源型经济转型提供新思路、新路径、新方法。这些研究为山西省大数据产业链的构建和延伸提供了宝贵的经验。而国外的研究[24-25]更侧重于信息安全和数据公开共享的研究。笔者主要通过大数据产业链上中下游的构成要素，利用山西省对接京津冀协同发展的区位优势，结合山西省的省情和优势资源，绘制大数据产业政策地图，为山西省大数据产业链的构建和延伸提供思路。

第3章 大数据产业链

3.1 大数据产业链周期

大数据的产业链大致可分为数据标准与规范、数据安全、数据采集、数据存储与管理、数据分析与挖掘、数据运维及数据应用几个环节,覆盖了数据从产生到应用的整个生命周期。

3.1.1 数据标准与规范

大数据标准体系是开展大数据应用的前提条件,没有统一的标准体系,数据共享、分析、挖掘、决策支持将无从谈起。大数据标准包括体系结构标准、数据格式与表示标准、组织管理标准、安全标准和评测标准。在标准化建设方面,参与单位主要包括中国电子技术标准化研究院、各个数据库公司、数据拥有部门以及各个行业的标准化组织。

3.1.2 数据安全

随着海量数据的不断增加,对数据存储和访问的安全性要求越来越高,从而对数据的访问控制技术、加密保护技术以及多副本与容灾机制等提出了更高的要求。

另外,由于大数据处理主要采用分布式计算方法,这必然面临着数据传输、信息交互等环节,如何在这些环节中保护数据价值不泄露、信息不丢失,保护所有站点的安全是大数据发展面对的重大挑战。

在大数据时代,传统的隐私数据内涵与外延有了巨大突破和延伸,数据的多元化与彼此的关联性进一步发展,这使得对单一数据的隐私保护变得极其脆弱。

在数据安全环节上的主要参与单位包括中国电子科技集团公司第30研究所以及奇虎360、瑞星等杀毒软件公司。

3.1.3　数据采集

政府部门、以 BAT 为代表的互联网企业、运营商这三者是当前大数据的主要拥有者。除此之外,利用网络爬虫或网站公开 API 等途径对网络数据进行采集也是大数据的主要来源。

现实世界中的数据大多不完整或不一致,无法直接进行数据挖掘或挖掘结果不理想,需要对采集的数据进行填补、平滑、合并、规格化、检查一致性等数据预处理操作,并且往往需要大量的人工参与,因此数据采集和清洗成为大数据产业链的一个重要环节。

3.1.4　数据存储与管理

大数据存储与管理的主要参与者以传统数据库企业为主,国际上主要有 IBM、Oracle、Intel、Green-plum、InforMatrix、Cloudera 等;国内主要有中兴、华为、用友、浪潮、托尔思、数据堂、九次方、亿赞普、达梦等。各家企业针对大数据应用开展各具特色的数据库架构和数据组织管理研究,形成针对具体领域的产品。

3.1.5　数据分析与挖掘

大数据分析与挖掘的意图主要集中在两方面:

一是从大量的机构结构化和半结构化数据中分析出计算机可以理解的语义信息或知识;

二是对隐性的知识,如关联情况、意图等进行挖掘。常用的方法包括分类、聚类、关联规则挖掘、序列模式挖掘、时间序列分析预测等。

数据分析与挖掘的核心算法与软件主要掌握在大型数据库公司及高校的手里,国际上主要参与者包括 IBM、甲骨文、微软、谷歌、亚马逊、Facebook 等,国内主要参与单位包括数据库企业、高校、以 BAT 为代表的大型互联网企业等。数据分析与挖掘的能力直接决定了大数据的应用推广程度和范围,是大数据产业的核心。

3.1.6　数据运维

由于数据的重要性得到普遍认可,除政府部门不具备数据运维服务条件外,数据的采集者通常就是数据运维者。各地政府方面则通常利用大数据平台建设来推动政府大数据的公开与共享,如云上贵州吸引个人和企业用户开展创新与创业,积极推动大数据的增值服务。

3.1.7　数据应用

大数据为传统信息技术带来革命性挑战,正在重构信息技术体系和产业格局。国内以阿里巴巴、百度、腾讯、人大金仓、浪潮、曙光、南大通用为代表的互联网企业、云计算和数据库厂商纷纷加大应用推广力度,在国际先进的开源大数据技术基础上,形成独自的大数据平台构建和应用服务解决方案,以支撑不同行业不同领域的专业化应用。

虽然这些企业在平台构建上有着得天独厚的优势,但是在某些具体业务领域却并不擅长。传统企业以及从事大数据的微型企业是具体业务领域上大数据应用的主力军。应用是大数据价值的体现,是大数据发展的原始推动力。

当前大数据的应用正倒逼软件技术、数据架构、数据共享方式的转变,在转变思维过程中需要积极转变思维,明确数据共享的方式是什么、数据拥有者的利益如何平衡、商业模式如何开展等。

目前来看,许多企业在大数据产业链里仅拥有一项或两项能力是完全不够的,只有将大数据产业链融合连通,才能催生更大的市场和利润空间。在大数据推动的商业革命浪潮中,只有打通数据流通变现的商业模式,才能创造商业价值,从而在大数据驱动的新生代商业格局中脱颖而出。

3.2　大数据产业政策变迁

随着工业 4.0 的到来,自动化和信息化不断融合,大数据与人工智能俨然已经成为新工业时代的本质所在和应有之义。大数据是人工智能发展的基础和催化剂,而人工智能是大数据的一种终极表现形式。两者都体现了对互联网海量信息数据的处理和利用。大数据开启了一次重大的时代转型,正在改变人的生活以及理解世界的方式,成为一场生活、工作与思维的大变革。

目前,国内对大数据政策的研究主要集中在运用政策工具[26]对政策文本进行分析上。如周京艳等[27]运用文本计量法从政策工具的视角分析了

18 份国家级大数据政策,并讨论了政策的合理性。刘亚亚[28]运用"政策工具—政策主题词"二维分析框架分析了 2000 年以来的大数据政策文本。此类研究的分析框架源于 Roy Rothwell 和 Walter Zegveld[29]的政策工具分类法,将政策工具分为供给面、需求面、环境面三个层面。苏峻[30]在相关研究中均采用了该分类法,并进行了项目的细分。

政策设计是政府或部门为了解决相关问题,采取科学的方法、广泛收集各种信息,设定一套未来行动选择方案的动态过程。政策设计包括政策问题的提出、分析、议程和政策制定的过程。国家及地方层面的政策设计通常是有组织的活动,而政策地图[31]则为政策设计提供了更加高效的工具。

本文运用利益相关者理论对大数据产业发展的利益相关群体进行识别,明确其相关利益活动,绘制出大数据产业的政策地图,根据产业发展目标,制定激励利益相关者进行特定活动的政策,从而促进大数据产业的发展。

3.2.1　政策设计:政策地图

3.2.1.1　利益相关者的识别

公共政策的利益相关者是指能对公共政策过程施加影响,使他人或组织受益或受损,或者受公共政策影响而受益或受损的任何个人或组织。大数据产业政策具有公共政策的属性。

国外学者根据不同的分类标准对利益相关者进行了分类。比较具有代表性的是多维细分法和米切尔(Mitchell)评分法两类。多维细分法主要有:Mason 和 Mitroff(1981)提出职责、地位、名望、社会参与、舆论导向、人口统计和组织七个维度;Charkham(1992)根据利益相关者与企业是否存在交易合同关系,将利益相关者分为契约型和公众型;Clarkson(1995)根据与企业联系的紧密程度,将利益相关者分为主要的和次要的。米切尔评分法是 Mitchell(1997)根据影响力、合法性和紧迫性三个维度运用评分法来界定利益相关者。国外学者对利益相关者的界定和分类经历了多维细分到属性评分的过程。

目前在组织情境下,学者最多采用和讨论的是米切尔评分法,这一方法更具科学性和可操作性。但该方法的三个维度无法完整反映组织和利益相关者之间利益互动的本质。加之大数据政策属公共政策,是对全社会的公共利益所做的权威性分配,其自身不具备获取利益的能动性。综上所述,本文采用多维细分法的 Clarkson 分类法,分为主要利益相关者和次要利益相关者,分类层次如表 3-1 所示。

表 3-1 大数据产业政策利益相关者的分类层次

分类标准		利益相关者类型
主要利益相关者	制度决策层	政府及职能部门、八大综合试验区
	制度影响层	政府、大数据企业、高校及科研院所、用户
次要利益相关者		其他组织和个人

3.2.1.2 利益相关活动的识别

大数据产业利益相关者活动主要有七类,其中数据采集与数据运维的主体基本是一致的,利益相关活动及主体见表 3-2。

表 3-2 大数据产业利益相关活动

利益活动	数据标准与规范			数据安全		数据采集运维			数据存储管理	数据分析挖掘		数据应用
主体	中国电子技术标准化研究院	数据库企业	其他标准化组织	中国电子科技集团	杀毒软件公司	政府部门	互联网企业	运营商	数据库管理企业	数据库企业	高校、科研院所	互联网企业

(1)数据采集。政府职能部门、互联网企业、运营商是当前大数据资源的占用者。此外,根据用户需求运用网络爬虫或网站公开 API 等途径也可以获取网络大数据资源,数据采集及清洗成为大数据产业链的首要环节。

(2)数据存储与管理。大数据存储与管理的主要参与者以传统数据库企业为主,国内主要有华为、数据堂、九次方、达梦等以及以阿里巴巴、京东等为代表的电商企业。各企业据应用领域对大数据资源进行存储和管理,并形成了一系列产品。

(3)数据挖掘分析。互联网企业、高校及科研院所主要参与数据挖掘分析的软件开放及算法实现。数据挖掘与分析的能力、深度和广度决定了大数据应用推广的领域和运用深度,是大数据产业发展的关键环节。

(4)数据运维。通常数据的采集者即为数据运维者。国家八个大数据综合试验区及地方政府搭建大数据平台、提供基础设施,推动大数据的开放与共享,如云上贵州。

(5)数据应用。大数据应用处于信息产业链及技术价值链的下游,通过挖掘数据的隐藏价值来进一步推动大数据各个环节的发展和成熟。

(6)数据标准与规范。大数据标准与规范体系作为大数据产业发展的前提条件,贯穿从数据生产到应用的整个生命周期。没有统一的标准体系,数据共享、挖掘分析、决策支持都无从谈起。大数据标准体系由基础标准、数据标准、技术标准、平台和工具标准、管理标准、安全和隐私标准、行业应用标准七类标准组成。参与建设的单位主要包括中国电子技术标准化研究院、全国信息技术标准化技术委员会、数据库企业、数据资源部门以及各个行业的标准化组织。

(7)数据安全。随着海量数据的不断增加,越来越多的数据开放共享。数据泄露严重、信息访问权限划分不明晰、个人信息滥用等问题层出不穷。大数据因其高度分散、容量大、变化快的特点,想要保障数据安全十分困难。但只有通过构建网络空间安全保障、加强关键信息基础设施保护、强化数据加密、保护个人敏感信息等手段才能切实保障数据安全。在数据安全环节上主要参与单位包括中国电子科技集团公司第 30 研究所以及奇虎 360、瑞星等杀毒软件公司。

3.2.1.3　大数据产业政策地图

政策地图如表 3-3 所示。

3.2.2　结论

政府及国家大数据综合试验区对大数据产业全周期进行顶层设计,侧重基础设施、各类平台的建设;注重数据标准与规范的建立,以及数据安全的立法保护。

对于互联网企业,完善其准入制度,明确安全责权关系,在产业中承担数据分析挖掘和应用的职责;但在数据采集运维及管理方面的政策较少,应进一步明确其标准化接口,以实现政府、企业、高校数据的互联互通、共用共享。

高校及科研院所作为人才培养和大数据关键共性技术研发的承担者,应加大产学研联合,建立产业联盟,尽快攻关关键核心技术难题。

其他组织及个人的参与度相对较低,应进一步增加其他领域与大数据的结合,形成产业融合、联动、互补的局面,以增强大数据产业的辐射能力。

表 3-3 大数据产业政策地图

利益相关活动	利益相关者			
	政府	互联网企业	高校及科研院所	其他组织和个人
数据标准与规范	建立基础标准、技术应用	云计算服务市场准入制度，支持符合条件相关云计算服务经营资质。研究支持大规模云计算服务的网络政策。企业通过 CMMI3 以上标准体系认证，提升客户服务、软件开发、数据处理、商业智能分析等业务流程外包服务能力	引进国内外大数据领域的优秀专家学者，挖掘本地大数据产业人才，拟定推进大数据技术标准，可制定推进大数据产业发展的相关政策，提供决策咨询	支持第三方机构开展云计算服务和网络安全等信度评估测评工作
数据安全	1. 信息安全制度；2. 安全管理和数据隐私保护，增强安全技术支撑和服务能力，建立健全云计算信息系，切实保障云计算信息安全；3. 信息安全监管制度和标准规范体系；4. 制定信息网络安全、个人信息保护和等级法律法规，出台政府和重要行业采购使用云计算服务相关规定	明确相关管理部门和云计算服务企业的安全管理责任，规范云计算服务商与用户的责任权利关系		

利益相关活动	利益相关者			
	政府	综合试验区 互联网企业	高校及科研院所	其他组织和个人
数据采集运维	1. 建立企业间信息存储、公开共享使用质量保障；2. 大数据资源交易平台	建立大数据产业认证、测试、检验、信用评估、信息服务等公共服务平台		
数据存储管理	协调科学数据规范化管理、开放共享及评价考核工作			
数据分析挖掘	1. 创新统计调查信息采集和挖掘关键技术；2. 跨部门数据关联比对分析等加工服务；3. 大规模数据仓库、非关系型数据库等数据挖掘、数据智能分析、数据可视化等大数据关键共性技术，支持高性能计算机、存储设备、网络设备、智能终端和大型通用数据库软件等产品创新	1. 采用推荐系统、社区分析、商情分析等大数据分析技术实现精准营销；2. 工业经济采集、监测和分析，带动工业物联（院所），支持本地民营IT企业组成产业联盟	华为云、微软、中科院所等国内外龙头企业云计算相关领域高端人才；2. 引进国际云领域高端人才；3. 企业、高校和科研机构开展产学合作	
数据应用	1. 非涉密的数据分析业务外包；2. 中小企业、社区、农村信息化应用		1. 普通高校、职业院校、科研院所与企业联合培养	

3.2.3　山西省大数据产业发展路径

3.2.3.1　研究现状

赫希曼[32](1958)提出了产业链这一概念。产业链是指以某项核心技术或工艺为基础,基于增强竞争力和强化合作关系的需要,根据特定的空间布局及逻辑关系形成的相互衔接的经济关系。产业链的构建包括完善产业链和延伸产业链两种方式。前者是将新产业与现有或关系不密切的传统基础产业相融合,产生具有利益共享、风险共担功能的新产业链。后者是指将传统产业体系向上游、下游拓展延伸,以形成集原材料供应、自主研发等上游环节与市场开发、销售等下游环节为一体的新产业链,这不仅需要关键核心技术的科研攻关能力,还需要依据产业链发展要求,带动其他相关产业发展。

国内学者[33、34]从产业发展和战略的角度对大数据产业进行了研究。刘宣等[35]对大数据产业的区位偏好以及空间需求进行了研究,主要从技术因素、人才因素、资金资本因素、商业模式因素、市场规模因素、政策环境因素以及基础设施因素七个方面对大数据产业发展的影响进行了分析。胡建波等[37]修正的钻石模型对大数据产业的竞争优势做出了阐述。

本书则主要从能源型区域经济创新转型发展的视角,通过对山西省大数据产业发展现状剖析存在的问题,借鉴贵州大数据综合试验区的发展经验,运用产业链理论对山西这一特质性区域的大数据产业发展路径进行研究。

3.2.3.2　大数据产业发展现状

(1)国家大数据产业发展现状。随着工业4.0时代的到来,信息技术(云计算、大数据、人工智能)的发展和应用使万物实现互联,开启了智慧生活。中国对大数据的关注最早是在2012年8月,国家统计局召开大数据应用研究座谈会,并将在大数据时代运用现代信息技术建立统计云架构作为研究目标。

2015年3月5日召开十二届全国人大三次会议,国务院总理李克强在政府工作报告中首次提出"互联网＋"行动计划。这一行动计划可以视为将国内大数据产业上升为国家战略。同年8月,国务院印发《促进大数据发展行动纲要》(国发〔2015〕50号)的通知,为全面推进我国大数据发展和应用以及加快建设数据强国制定了行动纲要。9月,我国启动全国首个大数据发展试点贵州大数据综合试验区建设工作。同年 10 月,第二批获批建设国家级大数据综试区的省份名单发布,包括两个跨区域类综试区(京津冀、珠江三角洲)、四个区域示范类综试区(上海、河南、重庆、沈阳)和一个大数据基础设施统筹发展类综试区(内蒙古)。2017 年 7 月 8 日,国务院印发《新一代人工智能发展规划》。人工智能的迅速发展将深刻改变人类社会生活、改变世界。

国家的顶层设计将大数据产业提升到国家战略的高度,为大数据产业布局绘制了蓝图,为产业发展提供了制度保障。国家及省部级职能部门的大数据产业政策(表 3-4)在 2016—2017 年密集发布,主要制定大数据产业发展标准,根据不同经济区域的产业基础部署大数据产业发展规划,并对大数据相关的云计算、人工智能等产业进行安排;2018 年的大数据产业政策主要针对不同行业出台了相关的大数据政策,如政务信息共享、医疗健康大数据、金融大数据等。

表 3-4　中国大数据产业相关政策统计表

年份	国家层面	省部级及职能部门				政策总数
		山西省	八大综合试验区		其他省	
			贵州	其他综试区		
2015 以前	0	0	2	3	0	5
2015	5	1	1	8	33	48
2016	4	0	3	13	85	105
2017	9	6	7	12	98	132
2018	2	1	12	11	29	55

数据来源:政府及各职能部门官方网站整理。

2014 年大数据产业规模 1038 亿元,发展到 2019 年,规模达到 8000 亿元(见图 3-1),预计 2020 年将破万亿,规模呈上升趋势,大数据产业整体发展良好。

(2)贵州综试区大数据产业发展现状。贵州省提前布局,抢占了大数据产业的制高点,省域经济向大数据产业引领的数字经济转型,GDP 从 2011 年的 5701.84 亿元增长到了 2019 年的 16769.34 亿元(图 3-2),经济总量在全国 GDP 占比呈逐年稳定上升的趋势;年经济增速均在 12.13% ~ 20.18%,超过了全国的平均经济增速。

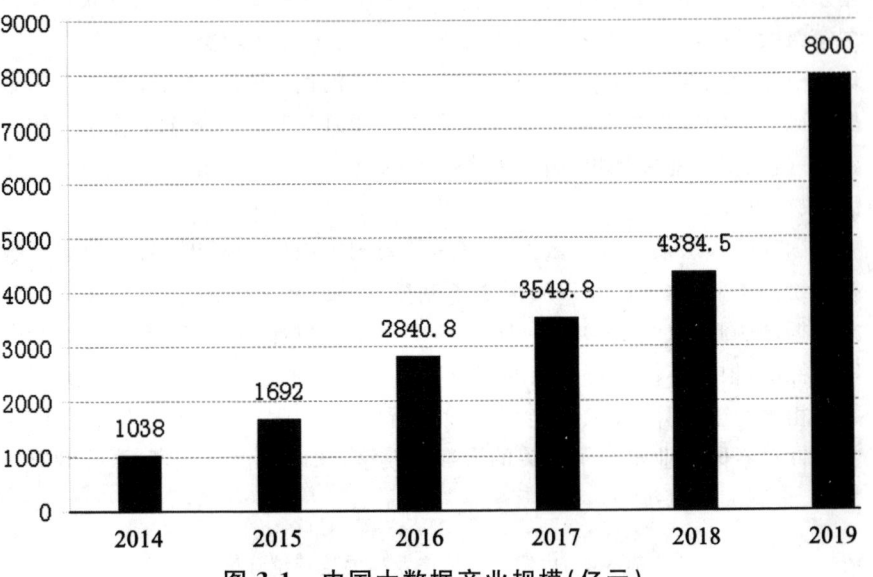

图 3-1 中国大数据产业规模(亿元)

数据来源:《2019 中国大数据产业发展报告》

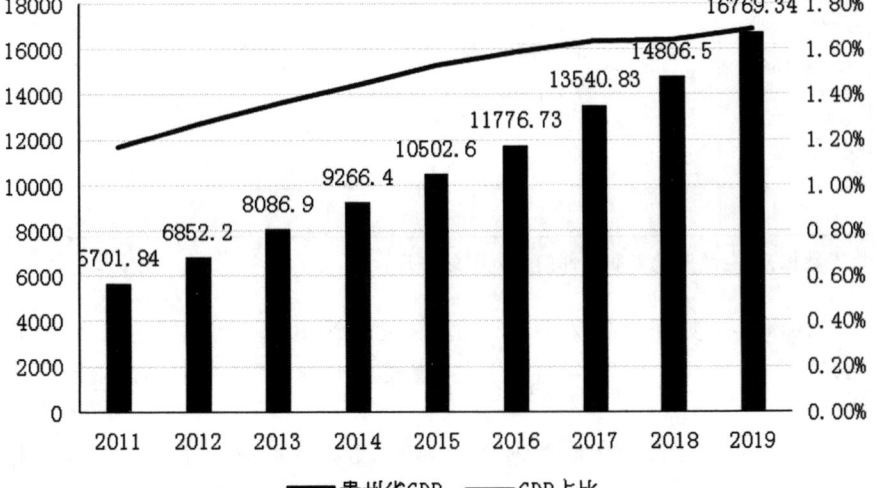

图 3-2 贵州省 GDP(亿元)及全国占比

数据来源:中国统计年鉴

(3)山西大数据产业发展现状。大数据战略是破解资源型地区创新发展难题的重要手段。作为资源型省份,受国际、国内经济形势影响,经济发展动力严重不足,转换步伐迟缓,创新驱动亟须新兴产业拉动。利用大数据技术,可以改造提升传统产业,全面推进技术创新、产业创新、业态创新、产品创新、市场创新和管理创新,促进去产能、去库存、去杠杆、降成本、补短板,提高供给体系质量和效率。依托煤电资源和环境气候等优势,将山西省建设成特色明显、区域影响力突出的大数据应用和产业拓展聚集地,这将成为我省提升信息产业实力和比重、助推经济转型升级的重要突破口,也是应对全省经济下行压力的重要手段。

山西省大数据产业布局相对滞后,2017 年 3 月 13 日,山西省政府出台《山西省大数据发展规划(2017—2020 年)》和《山西省促进大数据发展应用2017 年行动计划》。

实施大数据战略的产业基础。第一,数据资源日趋丰富。全省备案的政务门户网站超过 1200 个,省级政府部门门户网站覆盖率基本达到100%,市级政府部门门户网站覆盖率达到 80%。第二,基础设施较为完善。截至 2016 年底,全省服务器总规模达 20 余万台。第三,煤电能源充足富集。云计算及大数据中心的运行,对电力的需求和依赖明显,对耗电规模和供电可靠性要求很高。充足丰富的煤电资源能够满足云计算数据中心能耗需要,实现煤—电—数据链条的转换和延伸。

但大数据产业发展还存在以下问题。第一,骨干网络互联直通水平不高。第二,数据共享开放程度不够。各部门业务信息系统之间缺乏统一的数据标准,行业之间、单位之间、部门之间的信息相互割裂,数据之间无法有效共享,"信息孤岛"普遍存在。第三,技术创新支撑能力不强。大数据相关上下游产业链尚未形成系列规模,产学研用各环节协作亟待加强。第四,数据资源应用领域不广。

3.2.3.3　贵州综试区大数据产业发展经验[8]

(1)前瞻性顶层设计,引领创新发展。2015 年 9 月,贵州成为国家首个大数据综合试验区。将贵州设为首个综试区,有其独特的产业优势、产业洞察力以及创新引领力。早在 2014 年 2 月,贵州就做出了具有国际视野的规划,前瞻性地制定了《关于加快大数据产业发展应用若干政策的意见》和《贵州省大数据产业发展应用规划纲要(2014—2020 年)》。之后贵州省各地市依托各自产业优势,积极融入大数据产业链,促进产业改造升级,为大数据产业发展提供保障。

(2)挖掘产业优势,整合大数据产业资源。贵州是国内自然资源丰富的省份之一,具有以能源、矿产、生物、旅游等为主的资源优势。为了更好地整合大数据产业相关资源,贵州省实施"筑云工程"和"智端工程"。

通过"筑云工程"形成大数据云服务产业集群:以"前店后厂"模式投资建设数据中心基础设施,"前端"是云存储、云安全、基础设施云管理等基础设施,"后端"是机房基础设施;实施电子商务项目;通过引进国内行业领头企业促进移动互联网的建设;促进云计算大数据产业创新孵化;发展大数据软件与服务产业和大数据服务外包产业。

通过"智端工程",打造智能终端产业集群:建设云计算设备生产基地;引进富士康配套产业;承接智能终端及其配套产业区域转移;实施智能家居项目。

(3)完善基础建设,搭建产业发展平台。基础设施是产业发展的基础性保障,贵州省实施"强基工程",打造西部区域通信枢纽。启动实施国家级互联网骨干直联点申报专项;申报建设一批"下一代互联网示范城市";促进三大运营商第四代通信网络的覆盖;纵深推进"三网融合";构建大数据公共服务平台。

(4)加强产业融合,促进全产业提质增效。通过"掘金工程",培育大数据应用市场。统一建设政务数据云平台,实现旅游、医疗、交通、教育、城市管理等公共服务领域的信息开放与共享政务大数据开放;构建跨行业、跨部门、跨领域信息数据环境,用数据资产自身价值来构建产业生态链,带动相关产业的发展。建设智慧城市,推进智慧城管、智慧旅游、智慧交通、智慧环保、市民一卡通、物联网、数字城管、智能交通应用示范等智慧城市项目建设。建设工业企业物联网应用示范项目,实现"工业大数据智造"。在社保、医疗、教育、养老、就业、公共安全、食品药品安全、社区服务、家庭服务等民生领域,推进大数据分析应用示范项目。

3.2.3.4 大数据产业链及山西省大数据发展路径

1. 大数据产业链

大数据是新工业时代的重要信息技术,在创新链引领的产业链中,信息价值链和技术价值链联动构成了大数据产业链(图 3-3)。在大数据技术价值传导的过程中,信息价值也迅速得到增值。在从数据提供者到产品提供者,再到服务提供者,最后到用户的信息价值链中,随着信息的流动,其价值也在流动中得到了增值。以数据采集、数据存储管理、数据挖掘与分析、数据运维和应用构成的技术价值链中,涵盖了数据从生产到应用的整个生命周期,大数据技术价值也得到了传导和增值。其中,贯穿大数据产业发展始终的除了大数据技术的创新升级外,还有数据标准规范以及数据安全为产业发展保驾护航。

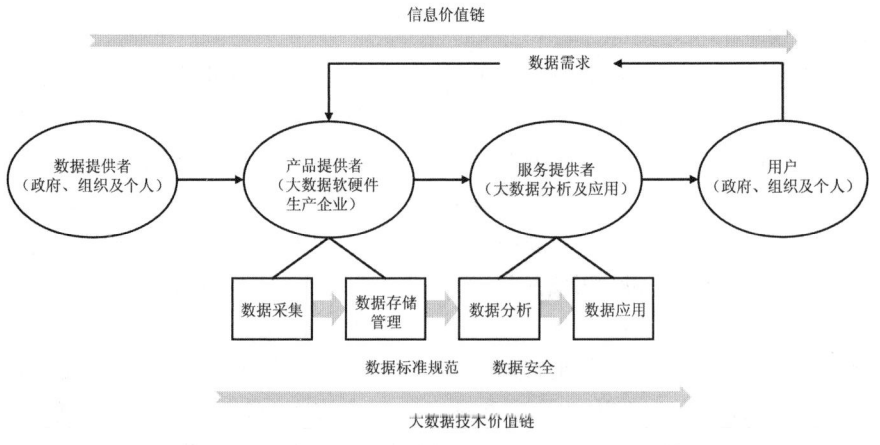

图 3-3　大数据产业链

2. 山西省大数据产业发展路径[9]

(1)提升政策制定的前瞻性,创造良好的政策环境。政策的前瞻性在政策制定过程中是必不可少的要素。政策制定者需要在不断发展变化的形势中找准切入点和突破口。建立以大数据为支撑的政府决策新机制。在财税、金融、审计、统计、规划、消费、投资、城乡建设、劳动就业、收入分配、产业运行、质量安全、资源环境、市场监管等领域中积极运用大数据技术,追溯全流程业务数据,统筹利用政府和社会数据资源,综合研判经济形势,预警防范产业风险。推进大数据在基层社会治理工作中的应用,综合分析人口档案、地理信息、低保、就业、突发事件、矛盾纠纷调处、群众诉求、社情民意等数据,提高社会管理服务的预见性和精细化水平。

贵州大数据综合试验区在确定为国家综试区之前,已经开始了解大数据产业并做出部署,充分体现了决策者对国内外创新引领经济的新近动态的洞察力、引领力和决策力。这也是转变政府职能的应有之义。同时应加大市场调研、产学研合作力度,以洞察新局势,提升科学决策的能力,适时出台有利于产业转型发展的政策。

(2)加大产业基础设施建设力度,为产业发展提供保障。加快高速宽带网络基础设施的配套建设,实现 5G 网络深度和广度覆盖;完善城乡公共区域无线网络的覆盖,提高信息基础设施与市政、公路、铁路、机场等规划建设的无缝有效衔接。积极引入国内外行业领头企业,带动省内互联网骨干直联点建设。基于能源产业基础推进能源管理信息化系统、热场管理、余热利用、自然冷源、水循环利用、分布式供能、直流供电等技术和产品应用等可持续性项目建设,从而降低碳排放和水资源消耗,有效控制有毒有害物质使用和废弃设备回收处理等。

(3)优化产业布局,加快全产业转型升级。运用大数据促进产业转型升级。以产业转型升级需求为导向,探索大数据与传统产业协同发展的新业态、新模式,促进传统产业转型升级和新兴产业加快发展。运用大数据驱动智能制造加快发展,打造工业云基础资源和开发平台,提供满足行业特征和产业链所需的差异化专有云服务,推动制造方式、生产模式、运营流程变革,有效化解过剩产能,助力供给侧结构性改革和工业转型升级。

结合各地市的能源资源、产业基础以及产业链定位情况,建立"中心集聚,全省协同"的大数据产业布局。在考虑气候环境、能源供给等因素的同时,对现有数据中心等基础设施重新进行整合应用,避免重复建设和投资。建设1~2个大数据核心集聚区。构建集数据搜集、存储、清洗、分析及数据应用于一体的大数据产业链,形成技术研发、设备制造、融合应用的大数据关联产业的协同生态体系。

(4)拓展大数据应用领域,加速产业融合。建设大数据产业园,提升商务、资金、信息、技术开发与交流、国际合作等配套公共服务水平,发挥园区孵化、承载和引领带动作用。加大政务公共信息的开放共享力度,与园区数据形成差异发展、各具特色、功能互补、资源共享、协同发展的格局。构建教育、医疗、健康、社保、住房、就业、养老等方面的大数据,切实加速产业融合,提升公共服务体系的服务水平。

第4章　科技成果转化与大数据

4.1　"拜杜法案"与美国研究型大学
科技成果转化机制研究

4.1.1　引言

　　大学作为国家创新体系的重要组成部分,与其他创新主体相比,一方面,大学具备多学科交叉的创新环境和雄厚的研发资源,是新知识和新技术的主要提供者;另一方面,大学创造的新技术、新知识只有在区域内实现正常流通,大学才能真正发挥其促进国家经济发展的作用和实现"服务社会"的第三大职能[41]。由于大学本质上是非营利组织,而转化科技成果却是一项盈利性活动;这导致大学在推动科技成果转化时面临盈利动机不足的激励问题。同时,大学科技成果是职务成果,涉及学校、科技人才等核心利益主体;因此,如何激发大学和科技人才双方积极性、主动性,合力共赢是共同推进成果转化的关键一环[42]。

　　各国政府为提高国家创新能力,积极鼓励校企合作,以促进大学—企业技术转移。美国大学的创新体系和技术转移体系是目前最高效的技术转移模式。自1980年《拜杜法案》颁布之后,美国大学通过建立完善的技术转移办公室制度,并以知识产权保护、提高发明人的个人收益分配比例等一系列有效措施,迅速提高大学的专利等技术的产出与转移效率[43]。与之相比,我国高校是获得国家科技资源、优惠政策和产出成果最多的科研部门,但我国高校的技术转移效率却长期处于较低水平。统计数据显示,近年来我国高校的专利申请和授权速度已超过美国,年均增长率为32.93%,但专利转让的数量和转让收入却远低于美国等发达国家。与发达国家大学的专利转让、许可平均50%的比例相比,我国高校真实的科技成果转化率可能不足10%。由此可见,如何加快我国大学科技成果转化,促进大学创新和国家经济结合是当前我国落实创新驱动发展战略的重要课题。

随着基础研究、技术创新、产业化之间的界限日益模糊，以及我国创新驱动发展战略的实施，促进大学主动转化科技成果、形成高技术产业，已经成为国家政策关注的焦点。现有研究普遍认为处置权和收益权的配置问题影响高校职务科技成果转化效率，然而，现有研究并未说明如何配置处置权和收益权以促进大学科技成果成功转化。我国当前正处在科技成果管理体制改革的关键时期，从理论层面和实证层面探讨我国大学如何建立科学、合理的职务科技成果转化权属配置，以对我国大学制定科技成果改革政策提供理论上、且具有操作性的经验指导，对促进高校基础研究与工业产业化相结合具有重要的现实价值和意义。本书通过研究美国"拜杜法案"在科技成果产权配置中的权利约定，来分析其对研究型大学科技成果转化机制构建的影响，为我国完善相关政策体系和推进研究型大学科技成果转化机制提供借鉴。

4.1.2 "拜杜"法案与大学科技成果转化

4.1.2.1 "拜杜"法案下放科技成果处置权给研究型大学

1980 年，美国修订了专利法，制订了"拜杜"法案，该法案规定联邦政府支持的科技研发项目形成的专利，授权项目承担单位所有，而专利转移转化获得的收益由承担单位自主分配，联邦政府不再干涉。而在此前，法律规定的是，凡是政府投资形成的研发成果，由联邦政府所有；未经联邦政府许可，任何人禁止使用。

"拜杜"法案实施之前，美国研究性大学的科技成果，尤其是专利性科技成果，交由联邦政府处置，往往由联邦政府免费提供给社会公众使用。大学和科技人员本身无法从科技成果转化中获取任何收益，因此，各大学和科研人员没有动力投入科技研究形成科技成果，并促进科技成果的成功转化。此时，在技术市场上，大学和科技人员是科技成果的提供方，政府是出售方，企业是购买方。由于大学和科技人员无法从科技成果转化中获取收益，这从根本上抑制了他们研发高质量、贴近市场的科技成果的动力，从而从根本上抑制创新。

"拜杜"法案实施之后，美国政府明确提出不再干预高校科技成果转化的处置权与收益权，赋予了高校独立自主处置科技成果的权益[44]。此时，在技术市场上，高校既是科技成果的提供者，也是科技成果的出售者，且可以完全享有并独立分配科技成果的出售利润。高校成为技术市场上的独立主体,独立生产和销售,高校可以直接与企业对接,了解企业的需求,并生产相应的产品。

美国研究型大学均规定科技成果完成之后由发明人披露,并主动向技术转移办公室提出申请,然后由技术转移办公室进行评估、申请许可、寻求商业化途径,最后,如果科技成果成功转化,所得利润由校方按照学校政策进行分配。在这个过程中,学校保留对职务科技成果的所有权,由发明人决定所研究的科技成果是否属于职务科技成果,是否可以纳入学校政策之内。此外,发明人亦可放弃职务科技成果的权利,签署"弃权书",由学校进行管理、转化。

基本上所有学校都采取此种处置权配置方法,如:斯坦福大学认为职务创新、转化是一个循环的过程,并将其分为九个阶段:第一阶段,科技人员进行科学技术研究;第二阶段,发明人披露职务科技成果;第三阶段,技术转移办公室对职务科技成果进行评估;第四阶段,申请专利;第五阶段,市场化以寻求合适商业合作伙伴;第六阶段,选择一个商业合作伙伴;第七阶段,授权;第八阶段,商业化;第九阶段,利润分配。最后,职务科技成果转化后的利润又投入新一轮的研究。其中,第一阶段和第二阶段由发明人主导,一旦职务科技成果交由技术转移办公室之后,则大部分商业化工作由技术转移办公室接手,然而,尽管如此,由于发明人掌握着丰富的关于职务成果的隐性知识,技术转移办公室在进行评估、专利申请、选择商业合作伙伴时仍会邀请发明人进行协助工作。

此种处置权分配方式将申请的主动权交由发明人,从而调动了发明人的积极性。同时,这种方式将绝大部分商业化的工作交由技术转移办公室执行,将高校老师从自己并不擅长的、烦琐的商业化工作中解放出来,全身心投入研究,从事所擅长领域的工作,提高科研效率。学校将商业化的工作交给了解市场、擅长销售与营销的技术转移办公室,而将科研工作交给了擅长科学技术研究的高校教师,通过分工协作的方式,各自从事所擅长的领域,从整体上提高了科技成果转化的效率和质量。按照这种分配方式,高校老师组成的科研团队相当于高校的生产部门,专职生产高质量的科研成果,技术转移办公室的专业化商业化团队,相当于高校的营销部门,专职营销高校的高质量科技成果,努力将科技成果变为专利、寻求优秀的商业化合作伙伴,不仅努力实现科技成果转化的利润最大化,亦努力实现科技成果对社会贡献的最大化。如此一来,高校建立了自己的生产部门和营销部门,实现了分工协作与有组织的研发,成为技术市场的独立主体。

当拜杜法案实施之后,美国的很多高校都成立了技术转移办公室,采用这种职务科技成果的处置权分配方式[45]。如此一来,在技术市场中,高校之间便形成了相互竞争,包括生产部门的竞争和营销部门的竞争。这种方式在技术市场中引进了竞争,激发了技术市场上的生产和销售主体(高等学校)的积极性,使在技术市场中的市场配置资源,极大激发了技术市场的活力。

4.1.2.2 基于"拜杜"法案大学收益共享的分配机制

"拜杜"法案的建立为美国科研单位自主确定分配模式提供了政策依据和背景。"拜杜"法案明确了政府和大学之间的利益分配关系,表明政府不再干预科技成果转化技术的市场的具体操作细节,而只通过法律法规、收税、补贴等形式在宏观上给予指导[46]。这一行为消除了政府在参与科技成果转化过程中的信息不对称,提高了转化效率,同时由于高校拥有收益分配的自主决定权,也规避了逆向选择和道德风险。此后,美国企业、国家实验室和研究型大学纷纷制订了科技成果转移转化收入的权利配置机制。自1980年发展至今,美国高校已经自主形成了一套稳定的、行之有效的科技成果处置权和收益权的配置机制。不管是分配主体、分配顺序,还是分配模式,大多数研究型大学的收益权配置方式均体现了激励兼容的特点,收益分配覆盖了每一个参与职务科技成果转化的主要利益群体,并且以较为均衡的方式在各主要利益群体之间均衡地分配收益,激发了主要利益群体长期主动参与职务科技成果转化的积极性和主动性。

美国常青藤大学的收益权大体上在学校、学院、研究中心、技术转移办公室、科技人员之间进行分配。大学获取科技成果转化收益之后,首先会扣除掉学校的各项成本,如专利申请、保护成本、现金支出、税收、行政支出等,然后提取15%的管理费作为对技术转移办公室(OTT或者OTL)的奖励。最后,在扣除上述费用后,剩余部分为科技成果转化净收益,学校对净收益按照不同的比例在各方参与主体间进行分配。

在收益权配置方面,在美国主要研究型大学之中,大多数大学的分配主体均包含学校、学院、技术转移办公室和发明人及团队。总结而言,美国常青藤大学主要存在三种收益分配模式:(1)固定比例分配模式,即不管科技成果转化收益是多少,其收益均在大学、发明者所在学院、系所、发明团队、发明者个人按照固定比例进行分配。如MIT、斯坦福等。(2)累进递减模式,即当科技成果转移转化净收益达到不同额度时,在各方参与主体间采取不同的分配比例,通常是一项科技成果转移转化后净收益越高,超出部分中发明人所占的比例越少。如哥伦比亚、哈佛等。在固定比例分配模式中,各参与方所获收益占总净收益的比例固定,不随着净收益的增加而变化。在累进递减的模式中,各参与方所获收益占总净收益的比例有所变化,随着净收益的增加而有所调整。(3)混合制模式,即兼顾了固定比例和累进递减两种模式,采取混合制的高校较少,主要是布朗大学。

美国高校在科技成果转化方面的巨大成功证明了激励兼容分配模式的有效性。很多科技成果的研发是一个长期积累的过程,需要学校、学院和科研人员长期不断的投入。此外,由于知识控制权的分离,科技成果的显性知识由学校和学院控制,隐性知识由发明人及团队控制,以及由于分工协作的高效与经济,科技成果的转化过程需要学校、学院、发明人和技术转移办公室之间的协调配合。总之,科技成果的研发和成功转化需要多方利益群体的协调与配合。因此,只有同时对多方利益群体进行激励,才能促进科技成果的成功转化,并且只有采取均衡的分配模式,才能促进各方利益群体对科技成果转化的长期投入,为科技成果转化提供长久的动力。

在高校职务科技成果转化过程中,技术转移办公室、学校、学院和发明人及团队等四个利益相关者的作用均非常重要。美国高校以激励兼容收益的方式,让四个利益主体都能在成果转化中收益。这种均衡的收益分配模式能保证四个主体均在科技成果转化过程中获取收益,实现激励兼容,从而激发四个主体的积极性、主动性,让四者各司其职,分工协作,共同致力于促进科技成果的成功转化,自然有利于提高职务科技成果转化效率,在一定程度上使得美国成果转化效率高。职务科技成果转化过程中,学校、学院、技术转移办公室和发明人及团队四方所追求的目标函数不尽相同。学校追求经济利益以及学校整体的发展与进步,学院追求经济利益以及本学科的进步与发展,技术转移办公室追求经济利益、促进校企合作,发明人及团队则追求科学真理以及经济利益。这四个主体在科技成果转化中各有所长,发挥着不同作用。这四个主体的一个共同目标是获取经济效益,美国高校在四个利益主体之间采取较为均衡的收益权共享模式,从而通过利益纽带将四个利益相关者联结在一起,激发各个利益相关群体主动参与科技成果转化的积极性,实现合作共赢。

美国研究型大学收益分配模式存在着如下共性特点:(1)分配对象多元。所有学校的分配对象均涵盖了学校、学院、科技人员个人,不同的仅是收益分配比例。(2)分配对象比例均衡。各参与方所获收益最多为总净收益的 50%,总体上各参与方所获比例相差不大,不会特别偏向某一方,让其占据大部分收益。(3)项目总收益越高,个人所占比例越少。这种现象在累进递减分配模式中非常明显。此外,虽然不同学校占有的净收益分配比例有所不同,但所有学校均规定学校所得净收益将继续用于科学研究,从而不断提升科研能力与水平。

4.1.3　美国研究型大学科技成果转化机制

4.1.3.1　研究型大学成为独立的技术市场运营主体

拜杜法案之后,联邦政府资助研究型大学所形成科研成果的处置权和收益权归研究型大学所有,这极大地激发了研究型大学的积极性与主动性,不仅促进了高校的科学研究与实体经济的结合,也在高校和企业之间技术市场上界定了政府的功能与定位,即政府应充当投资者的角色,而非高校职务科技成果管理者的角色,应该在高校和企业之间的技术市场上引入竞争,使市场机制在技术市场上起决定性作用。

首先,从高校本身的发展来讲,拜杜法案的规定使得在技术市场上,高校成为独立的技术与运营主体,拥有对所研发的职务科技成果的自主处置权和收益权。研究型大学通过建立技术转移办公室等专业化、市场化的技术市场运营主体,主动对接企业的需求,主动寻求与企业的合作,既实现了对科学真理的追求,也实现了对经济价值、社会价值的追求[47-48]。

其次,从国家创新系统来讲,拜杜法案的规定突出了在国家创新系统中研究型大学的主体作用,激发并赋予了在国家创新体系中高校主动承担创新主体地位的激情与能力,这正是由传统的国家三元创新模型和国家创新体系向三螺旋创新模型转变,而这一转变无疑是更符合社会现实和经济发展规律的。美国高等学校研发经费的73%来自政府资助,这意味着,在拜杜法案之前,高校对于大多数的科研成果没有处置权和收益权,这导致高校没有热情也没有能力去推动科技成果的产业化。高校作为整个社会中最富有创新能力与热情的地方,这种规定无疑导致了高校巨大创新能力与热情的浪费。然而,拜杜法案将联邦政府资助所形成的科技成果的处置权和收益权交给研究型大学,使得高校能够自主决定如何处置职务科技成果,这极大地激发了高校参与科技成果产业化的能力与热情。如此一来,三螺旋模型的国家创新体系基本建立,政府可以通过其国家管理者的身份主动推动国家创新发展、产业结构的升级与转换,高校自主决定其科技成果处置方式,主动寻求校企合作,从而通过高新技术的转移转化,主动推动国家产业的发展、升级与转化,企业凭借其自身的力量寻求与高校、政府的合作,主动推动国家的创新发展。

最后,从校企之间技术市场的政府的定位和竞争活力来讲,拜杜法案削弱了政府在校企之间技术市场的地位,将市场竞争引入校企之间的技术市场,使得市场竞争起决定性的资源配置作用,极大地激发了技术市场的活

力。拥有科技成果自主处置权和收益权的高校成为校企之间技术市场上的
独立生产者和运营者,政府是其资金来源,企业是其销售目标。不同的高校
形成了技术市场上的不同生产厂商和竞争者,在技术市场上自由竞争,为技
术市场引入竞争活力。

拜杜法案理清了宏观层面上政府与高校有关职务科技成果处置权和收
益权之间的划分问题。拜杜法案实施以后,美国主要研究型大学通过采取
发明人披露、技术转移办公室转化的处置权分配方式,促使高校在校企之间
的技术市场上成为集研发与营销为一体的独立主体[49]。

4.1.3.2　激励兼容的收益分配共享模式

激励兼容机制能很好地解释美国政府与高校的收益分配模式,以及政
府在高校的科技成果转化市场中应该处于什么地位、承担什么职责。政府
和高校本质上是一种委托代理关系,联邦政府委托高校进行基础性研究并
将其转化[50]。联邦政府的主要目标是发挥高校基础性研究的正外部性,转
化科技成果,将高校所进行的基础性研究与现实生产力相结合,促进经济和
科技的发展,即使政府也希望通过税收实现经济利益,但这是次要目标,并
且科技成果转化率高也会带动税收的增加,这两者目标并不矛盾。只要主
要目标得到满足,政府就能获得较大收益。而高校作为理性的生产单位(这
种假设在长期中是合理的),追求经济效益的最大化,两者的支付函数并不
相同。

《拜杜法案》是激励型法的典型代表[51]。该法案正是针对当时美国国
内经济发展以及科研人员对科研成果产权的需求而出台的。政府通过立法
放权给科研人员,把他们从实验室中解放出来,从而激活了整个科研—产业
化链条,使经济得以复苏。美国高校内部自主决定的处置权和收益权的分
配方式也延续了激励型的特点。美国高校将科技成果的优先处置权交给发
明人,由发明人决定是否向技术转移办公室披露职务科技成果,发明人也可
以签署"弃权书",放弃对科技成果的处置权。这种做法充分尊重了发明人
的权益,调动了发明人的主观能动性。在收益分配方面,高校将技术转移办
公室、学校、学院和发明人及团队均纳入收益分配主体,并且采取了较为均
衡的三分的分配方式,这更体现了激励的特点,实现了激励兼容。

在高校职务科技成果转化过程中,技术转移办公室、学校、学院和发明
人及团队的作用均非常重要。从美国的经验可知,只有以激励兼容的方式,
共同激发四者的积极性、主动性,让四者各司其职,分工协作,共同致力于职
务科技成果的转化,才能提高职务科技成果转化效率。这四个主体可以分
为三个层级,学校为享受收益权的一级法人,学院、系、研究所、实验室以及

技术转移办公室则是二级法人,发明人及其团队则是将收益权落实到个人,在个体层面上实现了科技成果转化的利润共享。

在科技成果转移转化过程中,学校是享受科技成果转化收益的第一级主体,其作用至关重要。首先,科技成果的研发形成需要资金投入,其中资金的重要来源便是政府,而政府的资助往往是直接划分到高校,再由高校进行分配。其次,除资金支持之外,科技成果的研发往往需要高校提供良好的研发环境,包括配套的资产、设施,良好的组织氛围,高效的行政效率等。此外,高校也使学科间的合作成为可能,提供学科间的相互支持。最后,科技成果成功研发之后,在技术市场上出售时,也往往需要借助高校的平台和影响力。总而言之,高校为科技成果的研发和转化提供了良好的平台和支持。

学院、系、研究所、实验室等是享受科技成果转化收益分配的二级主体,其作用也不可忽视。一方面,科技成果的研发,尤其是高科技、前沿、尖端技术的研发,是一个长期积累的过程,需要几年、甚至是几代人的投入。学院、系、研究所等刚好为这种长时间的技术研发提供了知识积累的场所,通过持续不断的知识投入、学科积累,高科技、前沿技术的研发才成为可能。另一方面,科技成果的研发也需要学院、系等提供设备、场地、资金、行政等的支持。此外,学院或者专业的品牌效应也不可忽视,有些大学尽管综合实力较差,但如果某一专业实力雄厚,也能受到社会各界的认可。

如果与发明人及团队相比,学校和学院享受绝大多数收益,在短期内,似乎可行,但长此以往,势必会影响发明人的积极性,导致科研成果产出减少,影响科技成果的转化数量和质量。学校为了激励高校教师势必会逐渐提高发明人及团队的收益比例。如果学校为了吸引优秀的科技人才,给科技人员享受绝大多数收益,在短期内能吸引一部分科技人才,但长期下去,势必会影响学院和学校的积极性,导致科技成果的投入不足,也会影响科技成果的转化数量和质量,因此,当学校吸引了优秀的教师、逐渐发展壮大之后,势必会提高学校和学院的分配比例,以此来刺激学校和学院加大科技成果投入。因此,经过长期的发展,美国大多数研究型大学均采取了三分的分配模式,以激励兼容的方式促进技术转移办公室、学校、学院和发明人及团队的积极性和主动性,保证职务科技成果的持续投入和高质量的产出。

美国主要研究型大学产生激励兼容模式的根源在于分工所带来的效率提高。学校、学院、技术转移办公室和发明人及团队四方所追求的目标函数不尽相同。学校追求经济利益以及学校整体的发展与进步,学院追求经济利益以及本学科的进步与发展,技术转移办公室追求经济利益、促进校企合作,发明人及团队则追求科学真理以及经济利益。这四个主体在科技成果转化中各有所长,扮演着不同作用。这四个主体的一个共同目标是获取经济效益,激励兼容的收益分配模式能保证四个主体均能在科技成果转化过程中获取收益,从而激发四个主体的积极性,分工协作,共同致力于促进科技成果的成功转化,最终提高科技成果的转化效率。

4.1.4　结论与政策启示

4.1.4.1　结　论

美国主要研究型大学采取发明人披露、技术转移办公室转化的处置权分配方式,这种处置方式实现了发明人和技术转移办公室之间的协调合作,从而通过分工协作产生更大的经济效益,并使得高校在校企之间的技术市场上成为集研发与营销为一体的独立主体;同时,美国研究型大学形成了激励兼容的收益权分配方式,将大学、学院、技术转移部门和科技人员的利益进行了有效的合作共享。这种权利配置方式激励了学校、学院和科研人员持续不断地投入科技成果研发与转化,激励了技术转移办公室主动需求校企合作。这样高校在校企之间的技术市场上能够变被动为主动,主动了解并对接企业的需求,从而不仅创造了经济效益,促进了学校本身的发展,也拉近了高校科技研究与技术市场需求的距离,促进高校的技术研发走向市场,完成"最后一公里"的转化。

4.1.4.2　政策启示

我国《中共中央国务院关于深化体制机制改革加快实施创新驱动发展战略的若干意见》(以下简称《若干意见》)与"拜杜"法案的思想异曲同工,均明确提出要将财政资金支持形成的,不涉及国防、国家安全、国家利益、重大社会公共利益的科技成果的使用权、处置权和收益权,全部下放给符合条件的项目承担单位。科技成果转移转化所得收入全部留归单位,处置收入不上缴国库,政府不再干预科技成果转化的收益分配。这一政策的提出将如美国的"拜杜"法案一样极大地激发我国研究性大学和科技人员促进科技成果转化的积极性和主动性,为深化体制机制改革,推动创新驱动发展,提供了巨大的动力。

如同美国拜杜法案,我国《若干意见》已在政府和高校层面规定了高校职务科技成果转化的处置权和收益权的配置,让高校成为校企之间技术市场的独立主体,将市场竞争引入技术市场,并让其起决定性的资源配置作用。接下来,各地政府和高校面临着如何在高校内部配置高校和教师之间的处置权和配置权问题。鉴于我国的现实情况,我国地方政府和高校在设计高校内部之间的处置权分配方式时有必要借鉴美国主要研究型大学的经验,采取发明人披露、技术转移办公室转化的方式。高校在学校内部设置技术转移办公室,帮助高校教师进行科技成果转化,为高校教师专心科研创造良好的环境,实现分工协作,既创造更大的经济效益又拉近高校基础性研究和技术产业化之间的距离。

在设置收益权配置模式时,我国高校也可以借鉴美国主要研究型大学的模式,采取激励兼容的配置模式。美国主要研究型大学中存在三种分配模式,固定比例模式、累进递减模式以及混合模式,这三种模式各有长短,不同学校可以根据自身情况选择不同的分配模式。大部分大学均采取了技术转移办公室收取 15% 的管理费,剩余 85% 在学校、学院和发明人及团队之间均衡分配的收益比例分配模式,我国大学也可以借鉴这一点,设置较为均衡的收益比例分配模式,但若实力较弱的大学想要吸引更多的优秀人才,也可以提高发明人及团队所占的比例。总而言之,不管采取哪种分配方式、制定哪种分配比例,我国高校都应该将参与科技成果转化的主要利益群体,包括高校、学院、技术转移办公室和研发团队,均纳入利益分配主体,激励各方主体的积极性和主动性,从而形成一股合力,共同致力于科技成果的成功转化。

4.2 中美大学科技成果处置权与收益权比较

大学是科技资源的聚集区和集中地,是科技创新的重要源头。如何改革和创新科技成果产权体制,将科技成果处置权和收益权进行优化配置,以激发大学和科研人员创新创业热情,已经成为中国政府和大学亟待解决的重要研究问题。自《关于深化体制机制改革加快实施创新驱动发展战略的若干意见》(以下简称《若干意见》)和新修订的《促进科技成果转化法》出台以后,职务科技成果的处置权和收益权完全下放至大学。当前,中国大学科学配置职务科技成果处置权和收益权已经成为推动大学创新创业的重要制度设计。

科技成果转化涉及科研人员及团队、学院、学校及技术转移办公室等多个利益主体,在各个利益主体之间合理配置科技成果处置权与收益权,有利于激发各方参与成果转化的积极性,形成转化合力,提高成果转化效率和成功率。美国大学在《拜杜法案》《史蒂文森—威德勒技术创新法》《联邦技术转移法》等法律和政策设计下,将政府资助形成的科技成果的所有权、处置权和收益权下放给大学,促使科技成果从政府部门向私人领域转移,推动大学成为技术市场的重要参与者[52]。美国大学通过组建专业化的技术转移办公室,借助技术转移、技术许可、作价入股、学术创业等方式,有效提升了科技成果的转化率。同时,美国大学建立了激励共享、利益兼容的科技成果转化收益分配机制,使得科技成果转化成为大学、科研人员及团队等重要的创收手段。

中国大学在《若干意见》和新修订的《促进科技成果转化法》颁布以来,陆续出台了"促进科技成果转化实施办法",积极探索落实大学科技成果处置权和收益权的制度设计。但是,在职务科技成果处置权方面,大多数中国大学仍缺乏专业的机构去处置科技成果。虽然中国很多大学均设置了类似于技术转移办公室的机构,但绝大多数情况下,这些机构缺乏转化科技成果的实权,科技成果"所有人虚化"的问题仍然存在[53]。在职务科技成果收益权方面,各地政府和科研机构纷纷制订了以发明人收益权为主的分配政策,即将大部分科技成果转化收益分配给发明人及其团队,同时较少考虑其他相关主体的收益权。

良好的制度设计是推动科技成果转化的基础。处置权和收益权的配置方式,在本质上影响着大学和科研人员对科技成果转移转化的态度和行为。美国大学在科技成果处置权和收益权的制度设计方面有效地拉动了大学在推动科技成果转化中的作用[54]。当前,中国大学正成为经济社会创新发展的重要驱动力,大学面向国民经济主战场推动科技成果转化,已经成为大学新时期的重要历史使命。那么,中国大学和美国大学的科技成果处置权和收益权制度设计如何?中国大学与美国大学科技成果处置权和收益权设置存在哪些异同?以上问题的解答,有助于深刻认识当下中国大学科技成果产权改革的政策热点,也有助于反思当前的制度设计是否符合中国国情。

4.2.1　文献综述

国内外学者多在学校政策、绩效评价、影响因素、管理体制演化、利益冲突管理等方面研究美国大学的职务科技成果转化体制[55],关于具体的处置权和收益权配置问题的相关研究较少。Mei 和 Liu 等用两阶段 DEA 方法比较了美国大学科技成果转化效率,认为低效率的学校应该学习高效率学校的技术转移办公室管理模式[56]。Caldera 和 Debande 认为技术转移办公室是影响科技成果转化效率的重要组织因素[57]。Tseng 和 Raudensky 提出美国大学均建立了技术转移办公室,并且该办公室在科技成果转化中发挥了重要作用[58]。Kristel 等从利益相关者角度分析了大学科技成果转化商业体制变革,指出技术转移办公室替代大学从事科技成果商业化活动,帮助大学获取内外部的网络和知识资源,并将科研人员、技术转移办公室、商业联盟等识别为科技成果转化利益相关者[59]。O'Kane等以多重委托代理理论解释了大学以及科研人员与技术转移办公室的代理关系,认为技术转移办公室面临着两个代理人的利益冲突,需要在进行了科技成果转化时平衡利益冲突[60]。

针对国外大学的科技成果处置权和分配权配置经验,国内学者展开了丰富的研究。John和洪伟研究了美国大学技术转移体系,提出出售使用许可是技术转移办公室的主要工作,这在帮助大学完成促进经济发展的任务方面发挥了重要作用[10]。赵丹丹分析了大学的技术转移办公室,认为技术转移办公室是协调各方利益的中介机构,并且转化收益在学校、科研人员及技术转移办公室之间共享,有利于各方共同努力促进成果转化[61]。邸晓燕等研究了美、英、日三国的知识产权收益分配经验,将美国大学的收益分配总结为固定比例制、累计递减制两类,并且提出中国应该赋予科研机构自行定制具体分配比例的权利[62]。李正刚对比了国内外科技成果转移政策,借鉴美国、日本等国的先进经验,建议简化科技成果处置程序,科技成果转化收益授权项目承担者所有[63]。

针对中国科技成果处置权和分配权配置的现实问题,国内学者们也展开了丰富的研究。万小丽和张传杰通过经济模型测算,提出科研人员的收益分配比例应该为 23.8%[64]。张胜和郭英远提出未来中国科技成果产权体制改革的重点是推动科技成果处置权和收益权在科研单位与科研人员之间建立激励兼容与可持续的分配关系[65]。刘彦蕊等认为科研机构和大学进行技术转移的症结之一是科研人员、技术转移人员、法人单位、政府部门的责任、义务和激励机制不清晰[66]。周荣和喻登科等认为中国科技成果转化率偏低的根源是大学科技成果转化主体缺位,建议由专业化团队实施转化,将教师纳入团队,并在各主体间合理分配利益[67]。丁明磊和刘彦蕊分析了南京和武汉的经验,认为应该建立促进科技成果转化工作的评价与激励机制,并进一步加快完善技术要素参与收益分配政策的相关法律法规及指导意见,明确科研人员、研发团队、技术转移人员、法人在技术转移(包括技术创业)中的利益机制[68]。谢敏芳等指出应建立职务科技成果,应区别于有形资产监管,并对科技成果完成人以及成果转化做出重要贡献的人给予重奖[69]。

国内外学者对美国大学的经验以及中国的科技成果管理实践进行了广泛的研究,对中国大学和科研院所制定相关管理政策提供了一定的经验借鉴。然而,国内学者虽然提出中国大学应该建立专业化的成果处置机构以及激励兼容的收益分配政策,但对于在具体操作层面上应如何配置处置权和收益权的相关研究较少。此外,国内学者主要研究了美国大学的技术转移方式,并没有系统研究美国大学科技成果的权利配置模式。在此基础上,本书总结对比了中美大学科技成果处置权和收益权的制度设计,在总结美国大学经验的同时,对中国大学的做法进行总结。

4.2.2　中美大学科技成果处置权对比分析

4.2.2.1　美国大学科技成果处置权

美国大学自主决定的科技成果处置办法基本上大同小异[70]。美国大学均采用科研人员披露、技术转移办公室转化的成果处置方式。美国大学的科技成果处置权主要由科技成果处置权完全下放给技术转移办公室(OTL),全权委托技术转移办公室进行职务科技成果商业化活动,保证了科技成果转化处置的专业性和独立性。美国大学均建立了技术转移办公室(OTL),并将科技成果大部分处置权委托给技术转移办公室,由其代为管理和统一处置校内职务科技成果,并努力促进科技成果转化,专职负责学校的科技成果转移转化、专利的申请、技术的营销、商业化等相关事宜[71]。

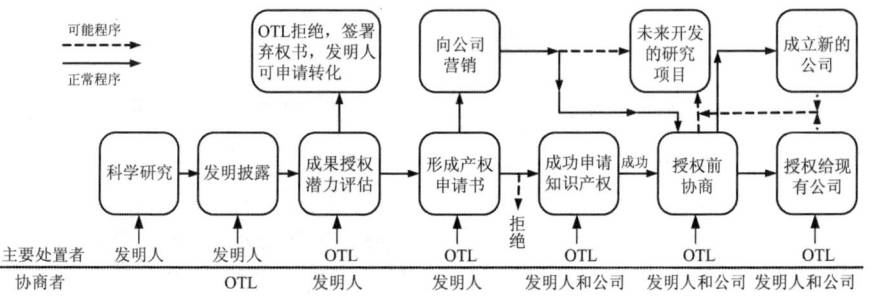

图 4-1　美国大学职务科技成果转化流程图

对美国大学的研究结果显示,该技术转移办公室(OTL)由学校统一管理,向学校负责。技术转移办公室(OTL)一方面对本校技术研究成果非常了解,另一方面对企业对于高新技术的需求也非常了解,因此通过主动对接科技成果的供给与需求,将学校与技术市场紧密对接。在实践中,美国职务科技成果转化由科研人员首先披露,技术转移办公室进行处置。美国大学科技成果转化流程如图 4-1 所示。首先,发明人需要向 OTL 提交科技成果的发明披露表。其次,OTL 需要根据该科技成果的新颖性、潜在应用可能等进行评估,若满足商业化条件,则进行专利申请,并为科技成果选定最佳的转移转化方式(技术许可、技术转让、作价入股、学术创业等)。最后,如果科技成果成功转化,所得利润或者股权由技术转移办公室(OTL)按照学校政策在大学、发明人及团队、学院、技术转移办公室(OTL)等部门之间进行分配。此外,对于学术创业、作价入股、技术许可等方式进行长期的科技成果转化,OTL需要进行持续的跟踪和监督。学校和学院获得的收益需要投入到学校的科学研究等活动之中,技术转移部门(OTL)获得的收益可作为机构的运营费用。

同时,在科技成果转化过程中,科研人员及团队不仅是成果创造者,也能在商业化过程中起到很好的辅助作用。由于科研人员及团队最了解科研成果,因此,技术转移办公室在处置职务科技成果时会邀请科研人员及团队参与处置过程并寻求其协助。例如,要求科研人员在向技术转移办公室披露职务成果时说明潜在的应用方向和合作伙伴;在申请知识产权时会咨询科研人员对相关领域的看法;在寻求企业合作以及签订授权书时会咨询科研人员的意见等。事实上,美国大学70%的职务科技成果授权公司都是科研人员熟悉的公司[72]。美国大学采取科研人员披露、技术转移办公室转化的职务科技成果处置方式。这种处置方式实现了科研人员和技术转移办公室之间的协调合作,提高了生产效率,促进科技成果转化为现实生产力。

4.2.2.2　中国大学科技成果处置权

现有政策规定,职务科技成果的专利权人是学校,即科技成果的所有权归属学校,使得职务科技成果的处置权属于大学,职务科研人员没有成果处置权。大学职务技术成果的转让决定权归大学所有,转不转让技术成果,由大学单位决定,科研人员个人无权私自决定。也就是说,只有大学及时地转让、许可了职务技术成果,科研人员(团队)才能获得相应的一系列附属权利,如奖励获取权、收益分享权等。但是,如果大学放弃技术成果的转让、许可或长期搁置技术成果,科研人员(团队)的后续权利则无法保障。为了保障科研人员科技成果的收益权,部分大学规定学校职务科技成果完成人和参加人在不变更职务科技成果权属的前提下可自主进行该项科技成果的转化,并享有相应权益,接受学校监管。

现实中,国内大学技术成果的转让、许可往往以科研人员(团队)为主导,大学技术转移办公室的"缺位"和科技人员"越位"的问题并存。根据权责统一的原则,职务技术成果的处置权属于学校,则职务技术成果的转化工作应该由学校主导组织。根据大学组织实施安排,职务技术成果转让、许可工作一般由学校的技术转移机构组织实施。现阶段,中国大多数大学都建立有开展技术转移工作的机构,如科技处、科研院、技术转移中心、科技园等。但是大学普遍存在技术转化机构形同虚设、职能发挥受限、不能有效主导技术成果转化的问题。目前大学的技术转让、许可工作主要承担者是科研人员(团队)。

　　为了明确科技成果处置权的权属配置,在《若干意见》的指引下,中国大学制定了《科技成果转化管理办法》等文件以明确处置权的权利配置。例如,上海交通大学规定由先进产业技术研究院(以下简称"产研院")负责知识产权转让、授权许可、作价入股等科技成果转化工作及相关合同的审批。四川大学规定授权四川大学产业技术研究院(简称"产研院")代表学校处置职务科技成果,同时产研院可以授权科技成果完成人对其成果进行转化。

　　以西安交通大学为例,西安交通大学于 2016 年 12 月 30 日发布了《西安交通人学科技成果转化管理办法》,规定科研院作为学校科研的主管部门,负责审核办理科技成果的许可与转让,对科技成果作价入股提出意见。具体而言,西安交通大学科技成果处置权包括四类转化方式,如图 4-2 所示。以科技成果作价入股为例(见图 4-3),实行会签制度(即在科技成果完成人与合作单位商定初步合作条件,并得到所在单位给出的具体意见后,由科研院根据需要组织校内外专家进行论证,并形成书面的论证意见,一并送审)。当需要对科技成果进行第三方评估时,由科研院和实验室处委托有资质的评估机构,进行作价评估并出具书面评估报告,而协议定价同样需要在校内公示科技成果名称和拟交易价格。科技入股公司由资产公司和技术完成人参与成立,并按权益奖励分配及委托代管协议持有各自所占股份。

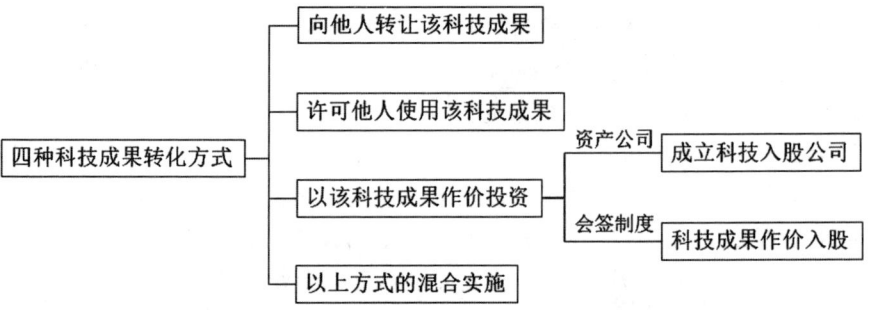

图 4-2　西安交通大学规定的四种科技成果转化方式

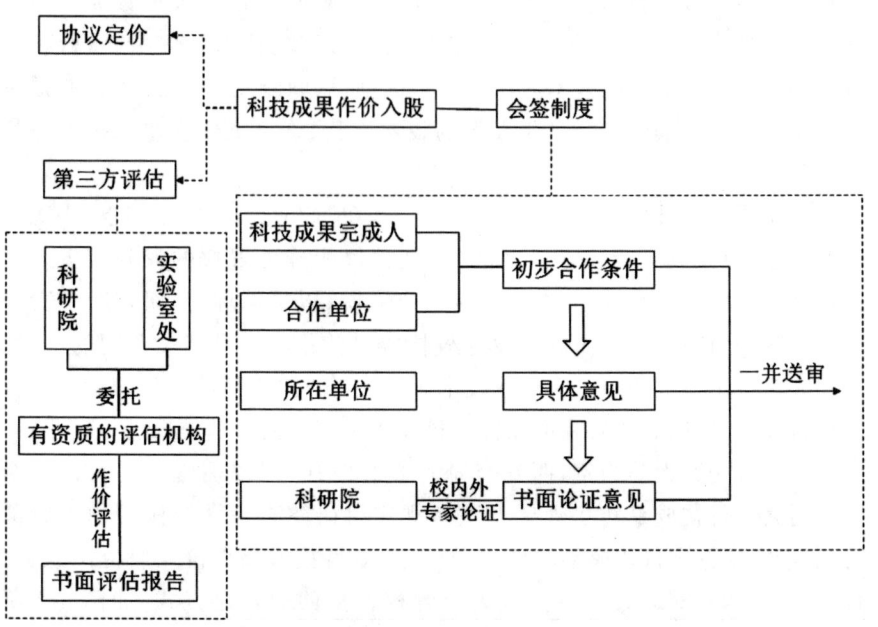

图 4-3 西安交通大学科技成果作价入股管理制度

4.2.2.3 中美大学科技成果处置权对比分析

美国大学科技成果的处置权主要采用发明人披露、技术转移办公室转化的配置方式,在推动大学科技成果转化市场化、专业化的同时,保障了科研人员科学研究工作的独立性。美国大学通过技术转移办公室(OTL)主动对接市场需求,突出了大学在国家技术创新系统中的主体作用,在某种程度上,促进了传统的国家三元创新体系向三螺旋创新模型转变。技术转移办公室(OTL)专业化、独立运作的营销团队赋予了美国大学主动对接企业需求的能力,成为连接大学和企业的纽带,使得企业和大学的研究边界交叉融合[72]。美国大学将科技成果处置权完全下放给技术转移办公室(OTL),全权委托技术转移办公室进行职务科技成果商业化活动,保证了科技成果转化处置的专业性和独立性。采取了科研人员披露、技术转移办公室转化的处置方式,一方面,将科技成果披露的主动权交给科研人员,激励其参与成果转化的主动性,另一方面,建立并全权委托专业化的技术转移办公室处置科技成果,通过分工协作,提高了科技成果转化效率,使大学成为技术市场上集研发与营销为一体的独立主体。

在职务科技成果处置权方面。与美国相比,中国大学已经建立了较为完善的职务科技成果转化管理体系,明确了管理机构、利益分配方案、转化流程等。但中国大学的技术转移仍处于起步阶段,科技成果转化制度仍有待完善。中国大多数大学仍缺乏专业的机构处置科技成果。虽然中国很多大学均设置了类似于技术转移办公室的机构,但绝大多数情况下,这些机构缺乏转化科技成果的实权,科技成果"所有人虚化"的问题长期存在。技术转移部门的职能缺失、运行管理方面的实施细则空白等方面的问题,都加大了大学科研人员在技术转让项目中的操作难度和不确定性,从而降低其参与技术转化的积极性。此外,在中国,大学科技成果转化往往由多个部门管理。例如,财务由财务处管理,技术合同由行政处、科研院或者学院管理等,技术管理体系混乱,缺乏规范的成果转化流程,存在多头领导、多方审批等问题[73],不利于科技成果的成功转化。

4.2.3　中美大学科技成果收益权对比分析

4.2.3.1　美国大学收益权配置方式

美国大学的科技成果转化收益的分配对象包括学校、学院(系)、技术转移办公室以及发明人及团队四个主体。通常,学校先从科技成果转化收益中扣除学校转化成果的各项成本(如专利申请费等),剩余部分为科技成果转化净收益,学校将净收益按照不同比例在学校、学院(系、实验室)和科研人员及团队之间进行分配。

美国大学主要存在三种收益分配模式:(1)固定比例分配模式,即各参与方所获收益占总净收益的比例固定,不随着净收益的增加而变化,如美国斯坦福大学等(见表 4-1);该模式的分配主体包括学校、学院、技术转移办公室和发明人及团队;该模式的分配比例相对均衡。(2)累进递减模式,即各参与方所获收益占总净收益的比例有所变化,随着净收益的增加而有所调整,如罗彻斯特大学等(见表 4-2)。在较低的收益等级里,发明人及团队占比相对较大,在较高的收益等级里,学校及学院占比相对较大。累进递减模式能够平衡科技成果转化的收益分配比例,避免科技人员占比过高。(3)混合制分配模式,该模式兼顾了固定比例和累进递减两种模式,采取混合制的大学较少,主要是布朗大学(见表 4-3)。

表4-1　固定比例分配模式

大学	分配对象	比例	占总收入比例
斯坦福大学	管理费（OTL）	15%	15%
	剩余部分（85%）		
	发明人	1/3	28.30%
	学院	1/3	28.30%
	学校	1/3	28.30%

表4-2　累进递减模式

大学	分配对象	累计净收入范围（美元）			备注
		50 000 以下	50 001~250 000	250 000 以上	
罗彻斯特大学	发明者	50%	40%	35%	净收益＝总收入－申请成本、第三方费用等
	系	20%	20%	20%	
	学院	10%	15%	20%	
	IP 池	20%	25%	25%	

表4-3　混合制分配模式

大学	分配对象	比例		
布朗大学	发明人	1/3		
	学校	1/3		
	剩余1/3：累计净收入范围（美元）			
		0~4 000 000	4 000 000~12 000 000	12 000 000 及以上
	实验室	50.00%	0.00%	0.00%
	学院	50.00%	100.00%	0.00%
	学校	0.00%	0.00%	100.00%

美国大学职务科技成果转化的收益分配政策实现了激励兼容（见表4-4）。美国大学科技成果转化的主要利益相关者可以归纳合并为学校、院（系、实验室）、科研人员及团队和技术转移办公室等四个利益主体。在成果转化中，虽然这四个利益主体的目标函数不尽相同，并且相互关联、各有所长、相

互作用难以替代,但都有一个共同目标是获取经济效益,美国大学通过利益纽带将其连接在一起,并设置了合理的收益分配比例,从而形成了激励兼容的收益分配模式。

表 4-4　美国大学职务科技成果转化激励兼容模式分析

利益相关者	目标函数	作用	激励兼容的配置方式
学校	服务社会、发展、影响力、经济效益	设备、资金、平台、管理、多学科支持	成功转化职务科技成果、以经济利益为纽带将其全部纳入收益分配对象,激发四个利益相关者的积极性
院、系、实验室	服务社会、发展、影响力、经济效益	设备、资金、平台、学科积累	
科研人员及团队	科学研究、职位晋升、经济利益	研发努力、知识贡献	
技术转移办公室	发挥促进科技成果转化职能、经济利益	营销、商业化	

4.2.3.2　中国大学收益权配置方式

从大学技术成果的收益权分配安排来看,职务科技成果转化的收益权属于大学,科研人员仅享有收益分配权。首先,职务技术成果的知识产权归学校所有,学校拥有职务技术成果的收益权。换言之,职务技术成果的转让、许可收益的所有权属于学校,而不属于科研人员。其次,根据中国相关法律的规定,大学将职务发明成果进行转让、许可、投资入股所花去的收益,应当在学校和成果完成人之间按比例进行收益分配。即大学科研人员(团队)作为技术成果完成人,拥有技术转让、许可收益的分配权。然而,由于职务技术成果的转化收入纳入学校统一管理,由学校科研部门和财务部门进行转化收入分配,科研人员无权管理技术转让、许可的收入分配。也就是说,在技术转让、许可项目中,科研人员(团队)仅享有收益分配权,缺乏转化收入处置权。在现行的大学制度安排下,科研人员(团队)的转化收益受控于学校。

中国大学已经积极落实《若干意见》中关于科技人员收益占比不低于50%的规定,各个学校围绕技术许可、技术转让、作价入股等不同的科技成果转化方式,制定了相应的收益分配方案(见表 4-5)。例如,四川大学颁布的《四川大学科技成果转化行动计划(试行)》主要围绕技术许可和技术转让进行了收益分配规定,其中技术许可方式中科研人员收益占比为85％,大学为15％;技术许可方式中科研人员占比为70％,大学为30％。通过总结和对比中国部分高校大学科技成果收益分配情况,可以发现,中国大学科技成果转化收益分配的主体主要包括大学、学院(所属单位)和科研人员三个主体,科技成果转化的收益分配比例中科研人员占比相对较高,科研单位的收益占比相对较少。

表4-5 部分中国大学科技成果收益分配情况

大学及转化政策	转化方式	分配对象	分配比例
四川大学 《四川大学科技成果转化行动计划(试行)》	技术许可	科研人员 大学	85.00％ 15.00％
	技术转让	科研人员 大学	70.00％ 30.00％
西安交通大学 《西安交大科技成果转化管理办法》	技术许可	科研人员 大学 所属单位	80％ 15％ 5％
	技术转让	科研人员 大学 所属单位	80％ 15％ 5％
	作价入股	科研人员 学校	80％ 20％
上海交通大学 《关于完善知识产权管理体系落实〈促进科技成果转化法〉的实施意见(试行)》	技术许可	科研人员 大学 所属单位	60％ 20％ 20％
	技术转让	科研人员 大学 所属单位	60％ 20％ 20％
	作价入股	科研人员 大学 所属单位	按内部分配 协议分配

4.2.3.3　中美大学科技成果收益权对比分析

美国大学以经济利益为纽带,采取了激励兼容的收益分配模式,将学校、院(系、实验室)、科研人员及团队和技术转移办公室均纳入收益分配对象,并且在各个利益主体之间制订了合理的收益分配比例,激发了主要利益群体参与科技成果转化的积极性和主动性。美国大学科技成果收益权的权利配置方式激励了学校、学院和科研人员持续不断地投入科技成果研发与转化,激励了技术转移办公室(OTL)主动寻求校企合作。

在职务科技成果收益权方面,中国大学纷纷制定了以科研人员收益权为主的分配政策,将大部分科技成果转化收益分配给科研人员及其团队,同时较少考虑其他相关主体的收益权。中国大学的收益分配政策意在激励科研人员的创造性和积极性,也认识到学校和学院以及科技成果商业化团队在科技成果转化过程中的重要作用和价值,通过给予大学和学院收益分配权,来吸引学校和学院的长期面向科技成果投入资源。

4.2.4　研究结论

4.2.4.1　研究结论

中国已经将政府对科技成果处置权的行政审批制度改为报备制度,将科技成果的收益由"收支两条线"改为自由支配,已经赋予科研单位完全自主的科技成果处置权和收益权。目前,中国科技成果处置权和收益权配置的核心是如何在大学和科研人员之间进行划分。中国当前正处在科技成果管理体制改革的关键时期,学习美国大学职务科技成果转化处置权和收益权配置经验对中国大学制定科技成果改革政策有着重要意义。自《若干意见》和新修订的《促进科技成果转化法》出台以后,虽然职务科技成果的处置权和收益权已下放至大学,但时至今日,大学内部旧的体制尚未完全突破,新的体制正在摸索之中。

总结美国大学的经验后,我们发现,美国大学的科技成果处置权主要由科技成果处置权完全下放给技术转移办公室(OTL),全权委托技术转移办公室进行职务科技成果商业化活动,保证了科技成果转化处置的专业性和独立性。同时,将科技成果披露的主动权交给科研人员,激励其参与成果转化的主动性。美国大学的科技成果采取了激励兼容的收益分配模式,将学校、院(系、实验室)、科研人员及团队和技术转移办公室均纳入收益分配对象,并且在各个利益主体之间制订了合理的收益分配比例,激发了主要利益群体参与科技成果转化的积极性和主动性。

中国大学的科技成果处置权和收益权配置离不开所有权的约束。中国大学科技成果的所有权属于大学,即科技成果本质上属于国有资产,这导致大学科技成果转化难以突破"国有诅咒"的国有资产管理问题,限制了科技成果处置权的行使和收益权的落实[74]。例如,西安交通大学规定实验室处作为学校国有资产管理委员会的秘书单位,对科技成果类无形资产的转化与具体实施过程进行监管,维护国有资产完整。为了破解科技成果所有权对科技成果处置权和收益权的限制,部分大学积极探索科技成果所有权确权改革,认定科技人员的发明灵感和智力劳动在科技成果的所有权中占有份额,设定科技人员与学校共同享有科技成果的所有权。例如,四川大学规定科技人员可选择与学校共同作为科技成果的所有权人,可享受50%～90%的成果所有权,并按照所有权权属比例来分配处置权和收益权。

针对科技成果的处置权,中国大学已经设定了科研院、产业处等部门负责科技成果的处置和转化,但相关配套的知识产权申请、科技成果转化收益会计核算、科技成果作价入股等仍然分散在不同的职能部门,管理权限的分散化,在一定程度上限制了处置权的顺畅落实。针对科技成果的收益权,中国大学积极落实《若干意见》的规定,即普遍规定科技成果转化收益中科技人员收益占比不低于50%,这在一定程度上保障了科研人员的转化收益权益,但限制了学校科技成果的收益权益。

4.2.4.2 政策启示

将科技成果的处置权和收益权下放给大学,能够激发大学在技术市场上变被动为主动,主动了解并对接企业需求,拉近了大学科技研究与技术市场需求的距离,促进了大学的技术研发走向市场,完成"最后一公里"的转化。对比中美大学科技成果处置权和收益权的配置,可以发现中国大学科技成果的处置权配置仍然受制于所有权的约束,呈现出处置权缺乏市场化运营的特点;同时,中国大学科技成果的收益权过分倾斜于科技人员,限制了大学、技术转移机构等机构的利益分配。结合美国大学的经验和中国的政策实际,本书提出如下政策建议:

(1)对科技成果处置权配置的政策启示。在职务科技成果的处置权和收益权下放大学的背景下,中国大学应简化行政手续和处置流程,保证科技成果转移部门(产业处、科研院、技术转移办公室等)处置职务科技成果的独立性和自主性。大学应尽快完善适应新制度的科技成果处置权管理办法。在改革科技成果处置权的审批制度为备案制的基础上,借鉴美国大学依托技术转移办公室独立运营大学科技成果转化事宜的模式,中国大学应尽快将分散在多个部门的科技成果处置权和相关管理权统筹起来,将其全权委托给科技成果转化部门,由其采用专业化、市场化的运作方式,以组织化、规模化的方式推动大学科技成果转化工作。

同时,考虑到当前中国大学及其科技成果的国有资产属性,大学很难建立独立运转并完全按照市场规则运转的技术转移机构。且《若干意见》等最新的政策文件,并未明确提出大学科技成果处置权的配置方式。可以通过科研人员与大学共同作为"成果所有人"的所有权确权,激励科研人员转化科技成果的积极性,来营造成果转化的氛围,也为大学建立科技成果转化体系提供必要的外部压力。大学科研人员具有转化科技成果的天然知识优势,因此鼓励科研人员依托科技成果整体孵化转化为新创技术企业,这也是转化科技成果的有效途径。此外,对于部分技术相对先进的科技成果或者处于探索阶段的科技成果,此类成果的转化通常需要利用隐藏在科研人员头脑中的创造性知识,对于这部分成果可以鼓励大学科研人员以学术创业等方式转化。

(2)对科技成果收益权配置的政策启示。中国大学应进一步完善科技成果转化收益分配机制和比例,重点围绕科研人员、学院、学校以及科技成果转化部门等四个主体进行科技成果转化收益分配,在保障科研人员 50% 以上收益权益的同时,积极保障大学、学院和科技成果转化部门的收益权。未来应根据各个大学的实际情况,设置科学合理的收益分配比例,在保障科研人员收益权的同时,激励大学和技术转移部门共同致力于科技成果的成功转化,提高科技成果转化效率和成功率。

同时,中国大学应进一步明确科技成果转化收益中学校留存收益的分配和使用,确保科技成果转化收益能够用于科研、教学与成果转化。例如,上海交通大学规定,科技成果转化收益中学校分配部分的 20% 作为专利申请和维持基金,由科研院按照基金管理规定进行管理;40% 作为学校科技成果转化基金,由产研院按照基金管理规定进行管理;40% 作为产研院科技成果转化运行管理费。明确大学科技成果转化留存收益的使用权限,将科技成果转化收益分配给科研和教学,将有助于提升大学的学科发展和建设;将转化收益分配给科技成果转化部门,将有助于激励科技成果转化部门的转化自主性与积极性。

4.3 中国大型科技成果转化模式

4.3.1 引言

科技创新的能力已经成为影响一个国家综合国力和国际地位的最重要因素[75]。但是,技术创新是一个复杂的过程,科学技术和发明要转化为现实的生产力,要与生产实践相结合来创造价值。因此,一个国家的技术创新能力中,科技成果转化能力是最重要的部分之一。然而,中国目前的科技成果和科技进步贡献率与欧美发达国家相比较仍有一定的差距,科技创新成果的资源浪费现象仍然较为突出,如何加速科技成果的转化成为中国的重大任务。

科技成果转化是一项综合性的系统工程,需要政府、高校、科研院所、企业和中介组织等机构相互配合,彼此协调,共同推动成果面向国民经济主战场转移转化。当前,根据科技成果转化主体作用的差异,可以将科技成果转化分为市场型转化模式、自行转化模式、产学研联合模式、科技创新转化模式和政府推广转化等模式[76-79]。而具体的成果转化涉及很多因素:科学技术自身的研究水平[80]、科技成果的研发能力[81]、技术市场的发育程度、研发和转化人员的相关素质和业务能力[82]、企业自身的转化能力、中试的环境和条件[83]、科技中介服务能力、金融投资市场的健全程度等,以及相关的法律法规是否健全、政府激励的相关政策[84-85]是否完善等。

目前已有的研究较少考虑科技成果的规模特性对成果转化的影响。实际上中国高校、科研院所承担了很多大型科技成果的研发,这些大型科技成果主要的研发资金源自政府的重大专项的资金支持,实现方式包括国家重点基础研究发展计划(973 计划)、国家高技术研究发展计划(863 计划)、国家重大科技专项等方式,所涉及的领域包括国际科技前沿和国家战略需要等影响国家科技、经济发展的重大课题。这些大型科技成果的研发阶段往往需要政府持续的研发投入,需要科研院所、高校多年协同开发创新才能够完成。大型科技成果的转化不同于传统的产学研结合转化模式和市场化转化模式,一方面需要政府在转化过程中起到决定性的作用,需要政府对社会资源围绕成果转化进行有效的调控和引导[86];另一方面大型科技成果的转化还离不开中试环节的过渡,需要中试环节上承科研院所、下接生产企业,通过批量化和规模化试生产来验证成果转化的可靠性[87-88]。同时,大型科技成果转化对国民经济发展具有重大意义。因此,在当前推动创新驱动发展的背景下,如何推动高校和科研院所承担的大型科技成果产业化,是解决好中国科技创新战略与产业创新需求对接的重大问题。

中国科学院大连大化所(以下简称"大化所")的煤制低碳烯烃(以下简称"DMTO")科技成果的转化是中国大型科技成果转化的典型代表。DMTO 成果转化是基于大化所国家"七五"重点攻关项目的成果,由政府推动,以资本为纽带,以中试和工业性试验完善技术和积累实践经验为依托,运用创新技术服务模式实现了大型科技项目的成功转化。

DMTO 技术有效地将我国丰富的煤炭资源转变为我国紧缺的烯烃资源,降低了中国对进口石油和烯烃的依赖;同时,该技术世界领先,工艺优良,且工业投资收益良好,已成为我国推动能源可持续发展的重要技术支撑;此外,DMTO 技术的普遍应用,有效地推动了我国煤化工的装备制造业的发展。DMTO 成果已经成为我国推动煤炭清洁高效利用的关键技术手段,成为推动煤炭能源化工一体化新兴产业的重要力量。本研究通过对DMTO 案例的研究,力求能对 DMTO 成果转化模式进行分析,解答在大型科技成果转化的过程中,如何提高科技成果转化的能力的问题,为类似大型科技转化提供新的模式和范式,为相应的科技成果转化过程的组织与开展提供了良好的思路。

4.3.2　大型科技成果转化理论框架的建立

本研究遵循经验主义学派"根据已有或是新建立的理论框架,对样本进行调查,最终得出相应结论"的逻辑[89],研究的思路包括三个部分,一是基于对已有科技成果转化流程和阶段的借鉴,建立"大型科技成果转化"理论框架图;二是对 DMTO 案例材料进行分析挖掘,对理论框架图进行补充或者修正;三是在案例材料分析的基础上,得出研究结论。

大型科技成果转化不同于一般的科技成果,而是根据国家重大科技战略需求,由科研院所或高校承担并完成实验室研究阶段的科技成果,此类成果转化的流程较长、风险较高,单个企业通常难以完成成果产业化和应用全过程,需要政府来引导和协调;同时,此类成果成功转化对于国家经济社会具有重大的影响。本书参照科技创新的流程[90-91],将大型科技成果转化过程分为三个阶段(见图 4-4):第一阶段是科技成果的实验室研制阶段,该阶段形成了原型成果、产品原型和过程原型;第二阶段是中试服务阶段,主要是中试主体根据市场主体的用户需求,对原型成果、产品原型、过程原型等进行中间试验,通过大批量、规模化的试生产活动,对生产活动的稳定性和产品参数进行科学评估;第三阶段是产业化阶段,主要是通过面向用户的原型改造活动,实现商品型成果对接用户需求。

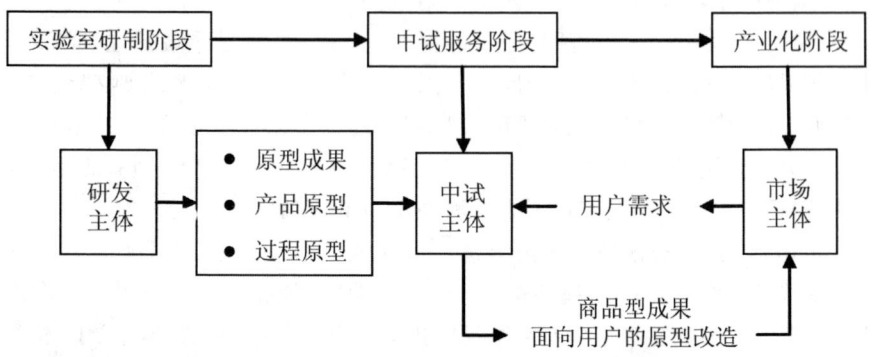

图 4-4   大型科技成果转化理论框架示意图

4.3.2.1   大型科技成果的研发主体

中国当前科技成果的研发主体主要包括:科研院所、高校、高新技术企业等,其中科研院所和高校承担了政府资助的主要科技成果的研发工作。科研院所和高校进行科学研究以服务社会为最终目标,创造和传播新知识、新技术,在推动经济发展、科技进步中发挥着举足轻重的作用。大型科技成果的研发主体是科技成果实验室研制阶段的主要承担者,主要面向世界科技前沿、面向国家重大战略需要来研发具有创新性和创造性的研究成果,包括原型成果、产品原型和过程原型,这些科技成果原型由于缺乏对市场因素的考虑,缺少与市场主体的对接,导致研发主体的科技成果原型与"国民经济主战场"——市场之间的距离较大。

在私人企业追求效益最大化的条件下,由于基础性研究和战略性科技成果具有外部性及其他原因,私人企业对基础性研究的投入不足,社会资源没有达到最佳配置。为此,政府应该采取相应的政策加大对基础性研究的投入[92]。中国大型科技成果通常由国有大型企业、高校、科研院所承担,主要的研发资金源自政府的重大专项的资金支持,实现方式包括国家重点基础研究发展计划(973 计划)、国家高技术研究发展计划(863 计划)、国家重大科技专项等方式。政府的资金支持有效缓解了大型科技成果研发风险较高,私企不愿参与的"市场失灵"问题。

4.3.2.2　大型科技成果的中试过程及中试主体

科技成果的中试主体核心是关键的科技人员和科研设备,其能够根据市场的需要实现面向用户的原型改造,为市场主体提供可以进行市场流通交易的"商品型成果"[93]。在科技成果转化的中试环节中,科技人员的作用和功能主要表现为决策和激励。其中,决策是指科技人员是科技成果的研发者,对成果如何中试具有决策权。科技成果能否顺利中试取决于科技人员能否根据市场需求对成果进行有效的改造改型;激励是指中试平台通过制定出台科学的利益分配制度和评价制度调动科技人员转化科技成果的积极性。中试环节不能离开核心的科技人员和技术人员的参与,需要他们不断地根据中试过程和结果对成果进行修正,只有将科技人员的激励因素纳入中试环节,才能够激发其充分挖掘科技成果潜力的积极性。

科研院所和高校作为科技成果的主要来源,其教师和科研人员是科技成果的完成人,对于后续的成果转化可以起到承前启后的媒介作用。将科技成果研发中的关键科技人员与工程化过程中的核心技术人员以及关键科研设备作为一个整体,将人、知、物整体孵化成为一个独立的中试主体,能够降低技术转移成本,实现科研成果到新企业的"无缝连接",降低了企业对高科技成果的吸收和应用难度,大大提高了科技成果转化的成功率。此外,关键科技人员的隐性知识可以直接在中试平台中发挥作用,通过开展持续创新,形成"技术创新→技术转移→技术创新"的良性循环,促使科技成果转化根据市场需求持续创新、改进改型。

4.3.2.3　大型科技成果的产业化

科技成果转化面临的市场风险、存在的不确定性包括:(1)技术的不确定性[91];(2)市场的不确定性[92]。对于大型科技成果,其在实验室阶段技术的不确定性较低,需要通过中试来进行规模化、产业化的试验;市场环境不确定性对大型科技成果的成功转化具有重大影响。大型科技成果转化要减少市场的不确定性,就需要产品研发部门与市场部门进行紧密对接,确保研发和中试能够及时了解用户需求,进而改善产品原型。

在科技成果转化过程中,需要不断根据市场需求进行市场和产品的创新,来减少科技成果转化面临的市场环境不确定性。因此,一方面需要中试主体与市场主体的紧密结合,需要中试主体充分挖掘市场主体的需求,并根据市场主体的需要来进行成果产品的改进和再开发。由于中试和工业性试验阶段本身具有较大的风险性,因此,银行等金融机构愿意或者不敢轻易地投入资金,此时政府利用行政手段,引导投资基金或风险投资的介入,能够促进中试项目的试验;另一方面需要核心企业来推动新兴技术应用或新产品营销推广。大型科技成果转化的最终环节的特殊之处在于,此类科技成果转化的产品或服务需要政府来协助推广。

4.3.3 研究方法与案例资料

本书选择单案例研究方法,一是因为目前缺少通过案例进行中国大型科技成果转化模式的研究;二是因为单案例研究是回答"为什么"和"怎么样"的首选研究策略(Yin,2003)[93];三是因为单案例研究能够保证案例研究的深度和广度,能够更好地了解案例的发展过程(Eisenhardt K M,1991)[94],有助于深入挖掘中国大型科技成果的转化路径和模式;四是因为案例分析有助于构建分析框架和理论构建[95]。

4.3.3.1 案例选择

本研究选择当前中国重大科技成果 DMTO 转化案例。DMTO 成果是中国拥有完全自主知识产权的重大科技成果,获得 2014 年度国家技术发明一等奖;2015 年大化所刘中民研究员因在应用催化领域,尤其是甲醇制烯烃技术方面取得的杰出成就当选中国工程院院士。DMTO 成果的成功转化对破解中国"富煤、缺油、少气"的能源结构问题和发展煤化工产业具有重大的现实意义;同时,DMTO 成果的转化涉及科研院所、企业、政府、科研人员等核心相关利益主体[96],选择 DMTO 成果转化为切入点,深入剖析和总结中国大型科技成果成功转化的机理和经验,能够为其他大型科技成果的成功转化提供知识借鉴。

4.3.3.2 数据来源

本书的研究数据采用一手资料和二手资料相结合的方式获得。一手资料来源是利用设定开放式的访谈提纲,从 DMTO 成果转化相关利益主体的关键当事人处得到资料;二手资料来源是通过对陕煤化、陕西省投资公司、大化所、新兴煤化工科技发展有限责任公司(以下简称"新兴煤化")、新兴能源科技有限公司(以下简称"新兴能源")、陕西煤化技术工程中心(以下简称"工程中心")等关键利益主体的调研获得所需要的资料文本等案例数据。此外,借助互联网途径,获得关于 DMTO 运行原理、发展动态等的二手资料。

4.3.3.3 案例资料

煤制烯烃即通过煤基甲醇来制取烯烃,指的是以煤为原始材料来合成甲醇,之后再使用甲醇来制取乙烯和丙烯等烯烃的相关技术。该项技术的研发成功,标志着中国煤资源利用形成"煤-甲醇-烯烃-化工用品"的完整产业链,对中国综合利用能源、保证国家能源安全、实现"以煤代油"战略目标具有重大的经济意义和战略意义。DMTO 技术从 1981 年立项,直至 2006 年才成功实现成果转化,历时 25 年,整个过程分为四个阶段。

第一阶段:实验室研发。1981 年,原国家计划委员会确定煤制烯烃技术研发重大科技项目,该项目由大化所承担。大化所根据研究需要,组建了催化剂物化性能表征、沸石合成、催化剂制备、反应工艺及产物分析等研究团队。在中国"六五"计划期间,大化所在实用型沸石催化剂上取得突破,乙烯与丙烯的产出率居于国际同类技术的领先水平,该成果获得了国内许多科技奖励。

第二阶段:中间试验。"七五"期间,DMTO 技术被列为中国的"七五"重点攻关项目,通过在大化所建立关于甲醇制烯烃方面的中试基地,此阶段开启了 DMTO 技术的中试阶段。研究团队深入探索了 SPAO 一系列分子筛的合成、不同模板剂的选择,突破了催化剂的核心技术难题。团队选择上海青浦化工厂进行中试,流化床 DMTO 过程中试运转良好,取得了一系列研究成果。"八五"期间,大化所研制出了催化效果良好、价格相对低廉的新型分子筛型催化剂。

第三阶段:工业性试验。2004 年,陕西省政府研究决定投资 DMTO 技术成果转化,为陕北煤炭资源综合利用探索新的路径。陕西省投资集团等公司以现金出资、大化所技术入股,联合成立了新兴煤化,以其为转化主体,负责 DMTO 的工业性实验。2004 年底,在陕西华县的陕化集团公司化肥厂内,开始建设 DMTO 技术的工业性试验装置;并于 2005 年底,成功完成了建设和调试试验设备等方面的工作,并正式地开展了 DMTO 技术的工业性试验;2006 年 6 月,完成了包括投料试车、不同条件的试验、实践运行的考核等三个阶段在内的工业性试验,形成了第一代 DMTO 技术(以下简称 DMTO-Ⅰ)。2008 年,新兴煤化对公司股权结构进行了重组,重组后的新兴能源更名为新兴能源,作为转化主体负责 DMTO-Ⅰ的专利技术的市场推广和转让。

与此同时,2008 年 3 月,陕西煤业化工集团与大化所共同成立了工程中心,陕西煤业化工集团以货币形式出资 7000 万元人民币,占工程中心注册资本的 55%;大化所以 DMTO 技术专利换算为股权占了工程中心 45% 的注册资本。工程中心专门负责新型煤化工工业化成套技术的开发以及催化剂的试验和生产、专用设备的设计与制造、技术成果的推广等。此后,工程中心基于 DMTO-Ⅰ,进行深入的技术再开发,研发出制造每吨烯烃产品甲醇原料的单耗降低10％以上的第二代甲醇制烯烃技术（以下简称 DMTO-Ⅱ）。2015 年初，DMTO-Ⅱ 工业示范装置在陕西蒲城开车成功。

第四阶段：商业化。2007 年 6 月，神华集团在包头投资了国内首套DMTO-Ⅰ技术的百万吨级工业化装置，该项目包括年产量 180 万吨的煤基甲醇联合化工的装置和年产量在 60 万吨的甲醇基聚烯烃联合石化的装置，以及与之相配套的热电站、厂外接入工程和辅助生产的设施等的建设，该项目由国家发改委批准成为国家示范工程。由于煤制烯烃技术成功地将我国丰富的煤炭资源转变为我国紧缺的丙烯、聚乙烯、乙烯等工业原料，有效地减少了我国对烯烃制品的进口依赖，且煤制烯烃具有良好的经济性，使得该技术成为我国发展能源化工产业的重要基础，截至 2016 年底，我国投产和在建的煤制烯烃装置投资额达到 1500 亿元左右。煤制烯烃技术的商业化同时有效地推动了我国煤化工装备制造行业的发展。

4.3.4　案例分析

DMTO 转化模式是由政府推动，以资本为纽带，通过大量的风险投资，以中试和工业性试验完善技术和积累实践经验，运用创新技术服务模式从事科技项目转化的模式。转化模式的结构设计包括四个主体，分别是政府、研发机构、企业、中试平台，具体如图 4-5 所示。政府起到的作用是通过科技战略鼓励科技成果转化，运用政策引导的方式使企业将资金投入到科技成果转化中，并通过财税政策进行鼓励。研发机构方面，主要任务是为中试平台的建设提供技术支撑和实验室成果。企业方面，在政府引导下对中试平台的建设进行风险投资，并对工程中心建设进行投资，以资金为纽带促进科技成果转化。同时，核心企业和配套企业主要负责 DMTO 技术的市场化运作，而中试平台是对技术进行优化和积累具体的操作经验。这样的结构设计，能够充分发挥四方的优势力量，为 DMTO 成果的高效转化奠定良好基础。

DMTO 转化模式是由政府推动，以资本为纽带，通过大量的风险投资，以中试和工业性试验完善技术和积累实践经验，运用创新技术服务模式从事科技项目转化的模式。转化模式的结构设计包括四个主体，分别是政府、研发机构、企业、中试平台。其中，政府起到的作用是通过科技发展战略资助大型科技成果的研发；同时，运用行政手段、政策方法等引导方式促使核心企业将资金投入到科技成果转化中，并通过财税政策进行激励成果转化。研发机构方面，主要任务是为中试平台的建设提供技术支撑和实验室成果。

企业方面,在政府引导下对中试平台的建设进行风险投资,并对工程中心建设进行投资,以资金为纽带促进科技成果转化。同时,核心企业和配套企业主要负责 DMTO 技术的市场化运作,而中试平台是对技术进行优化和积累具体的操作经验。这样的结构设计,能够充分发挥四方的优势力量,为 DMTO 成果高效转化奠定良好基础。

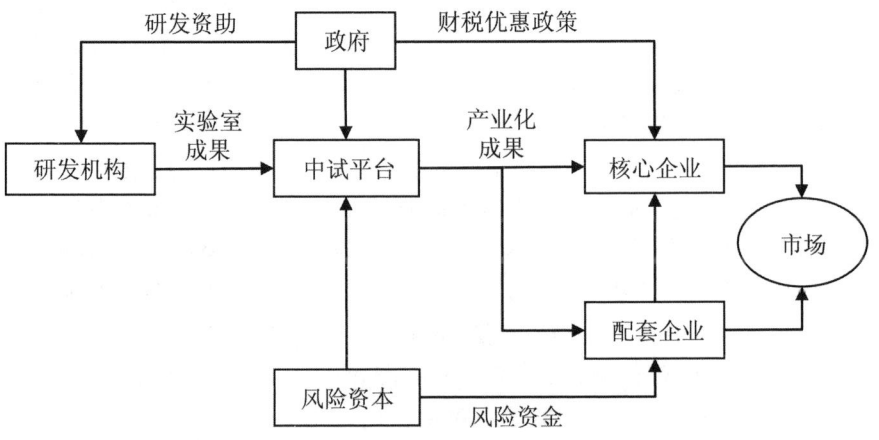

图 4-5　DMTO 成果转化模式的结构与核心运行机制

　　DMTO 转化模式是由政府推动,以资本为纽带,通过大量的风险投资,以中试和工业性试验完善技术和积累实践经验,运用创新技术服务模式从事科技项目转化的模式。该模式的运营特点有以下五点:

　　(1)政府推动转化,引导风险投资。2004 年 4 月,陕西省政府经济顾问李毓强教授向陕西省政府相关领导推荐了大化所的 DMTO 技术,希望通过该技术为陕西省的煤炭资源探索新的应用前景。陕西省政府采纳了该建议,经过与大化所的多次谈判和协商,最终达成了合作的协议。由陕西省的大型企业出资,与大化所共同开发 DMTO 技术。陕西省投资集团、大化所和洛阳石化工程公司三方达成共识和协议,一同对 DMTO 项目进行开发。在此之后,新兴煤化也在陕西省委、省政府的批示下成立,专门负责 DMTO 工业化技术的投资和试验装置的建设运行管理工作。

　　陕西省政府积极推动在陕西建设的第一套大型 DMTO 工业示范装置。通过风险投资等方式,以资本为纽带,通过市场化的运作,由大型省属国有企业投资陕西新兴煤烯烃有限公司,大力支持陕西第一套大型 DMTO 工业示范装置。其中,由正大精化工有限公司持股 43%;陕西煤业化工集团有限责任公司持股 36%;陕西省投资集团持股 16%;新兴煤化持股 5% 共同组建陕西新兴煤烯烃有限公司,项目总投资约 200 亿元人民币。

DMTO 技术取得如此重大的突破,并取得良好的转化成果,离不开政府的大力支持。政府积极推动 DMTO 技术的发展和转化,从最初的项目推荐与决策,到通过风险投资的资金筹集,大型工业性试验平台的搭建,再到工业性试验平台成果的最终应用。政府在整个过程中起到了不可或缺的主导作用,为 DMTO 技术的发展和转化提供了巨大资金支持和信用背书。

DMTO 转化过程的前期是由大化所负责实施的,在 DMTO 技术已经成型的基础上,融资成为项目产业化的难题。对于 DMTO 这样的大型技术而言,其应用实施的基础就是中试和工业性试验,而工业性试验又需要极大的投入,同时具有极大的风险性。大化所由于资金压力等因素不能主导工业性试验,而投资方处于观望态度,也不愿意去承担中试的巨大投入和风险。在这样的情况下,由政府方面主动牵头,鼓励大型国有企业与科研机构建立合作。通过陕西省有资金实力的大型国企的支持,DMTO 技术在转化的过程中就不需要太担心资金方面的问题,可以将精力集中在技术研发和转化方面。由于政府的地位和权威,企业会全力支持和配合,有效解决成果转化过程中的融资问题。DMTO 转化模式中政府高瞻远瞩,大力支持DMTO 技术的转化,起到了极为积极的作用。

(2)政府积极推广,推动企业和科研院所共同实现重大项目转化。对于DMTO 转化这类大型科技转化项目,企业和科研院所自行转化的能力是远远不够的,由于不能发挥资源的互补优势,势必会影响重大项目成果的转化。如果这个过程离开政府的参与,这类大型科技转化项目将会由于中国体制制度的制约、不健全的市场机制、产学研自身能力的限制,产生很大的实施困难。在 DMTO 转化过程中政府是形成产学研合作的主导者,充分发挥了其在决策指挥和协调管理等方面的作用,高校和科研院所则能够最大化利用自身在科研方面的巨大优势,企业也能够充分地发挥自身在资金和市场方面的能力。由于国家发改委 635 号文件明确规定:严格执行产业的准入政策;明确禁止年产量在 50 万吨及以下的煤经甲醇制烯烃项目的建设;年产 50 万吨以上的煤经甲醇制烯烃相关项目,也须报经国家发改委的核准才能实施。这就对负责 DMTO 转化的企业提出了很高要求。企业需要极其大量的资金投入该新技术,同时存在一定风险,这就导致企业在投资方面犹豫不决。而政府在 DMTO 转化过程中也积极宣传,吸引一部分企业投资 DMTO 的转化项目。

(3)通过中试和工业性试验,不断完善技术和积累经验。在多方的投资和合作下,2005 年在陕西华县建成了工业性示范的试验基地。并且于2005 年年底,高效地完成了建设和调试设备等方面的工作,之后正式地开展了 DMTO 技术的工业性试验。该示范试验基地的甲醇进料规模是万吨级的 DMTO 的装置,这也是世界上第一套该规模的装置。通过不断的中试和工业性的试验,新兴能源不断完善 DMTO 技术,根据实践过程中的具体情况不断优化技术,并通过长期的工业性试验平台积累了第一线的操作和实践经验,为 DMTO 技术转化提供了现实的可行性依据,促进了 DMTO 技术快速转化和走向市场。

　　不断完善技术,进行大量中试和工业性试验。对于 DMTO 这样的大型成果工业化技术而言,其应用实施的基础就是中试和工业性试验,在转化之前需要进行大量的中试和工业性的试验来提升和完善技术。DMTO 的工业性试验,就是充分利用大型的试验装置,不仅有效验证批量生产出来的催化剂的性能较为优异,也不断优化了工艺方面技术,奠定了在大型化工业装置的具体设计、建设和实施运行方面良好的技术基础,与此同时也进一步发现,工业性的试验结果与实验室的中试结果这两者也存在一定的差异性,需要进行不断完善。大型成果工业化技术的完善,通过一定规模的工业性试验是必需的。也正因为如此,工程中心积累的大量的实践经验和管理、操作经验,为 DMTO 技术的大规模转化实施奠定了基础。

　　(4)运用市场转化,以工程中心为依托的创新技术服务模式。工程中心作为研发机构和企业用户之间的技术中介,具有一定风险投资性质并对项目进行深度管理。工程中心是地方企业与科研机构合作的产物,其目的是高效快捷地推进科研资源向生产力优势转化,通过建立科研院所和企业之间的桥梁来发挥作用,其与科研院所、企业的具体关系如图4-6所示。工程中心的建立有助于科研院所与企业的良好对接,有助于 DMTO 成果转化的市场化运作。工程中心市场化运作的具体经营理念和特点集中在项目的选择模式、技术合作的模式、盈利模式、技术服务商的定位。

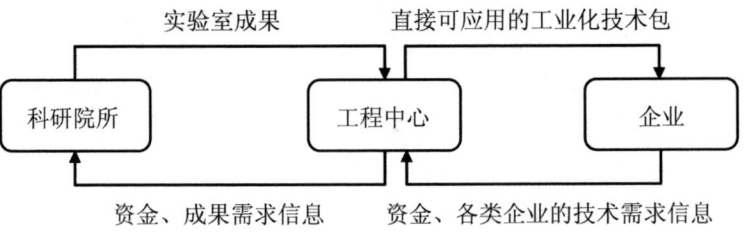

图 4-6　工程中心创新技术服务模式

　　第一,开放的项目选择模式。工程中心特殊的合作模式,决定了可以将具有丰富企业运营管理经验的企业家和具有丰富技术管理和研发经验的科研管理人才汇聚到一起,充分发挥各方优势,从事项目的前期选择工作,降低项目选择和技术判定的风险性。工程中心的董事长和副董事长分别由煤业化工集团的董事长和大化所的所长担任,工程中心的技术委员会主任由大化所的副所长担任。同时,工程中心充分发挥大化所的人才优势,广泛引进行业顶尖人才担任技术委员会成员,提升工程中心的人才资源优势。

第二,开放的技术合作模式。工程中心的合作模式,决定了公司的技术研发工作并非满足某一技术需求方的某一项技术需求,而是站在全行业的高度,从事市场稀缺的高新技术研发工作。基于此,工程中心打造了一种全新开发的技术合作模式,以自身的技术优势为基础,广泛引进各类实验室技术,进行工业性试验,进而从事市场推广工作。(1)与技术持有方共同组建公司,以技术入股的方式成为新公司股东。(2)项目合作制,与技术持有方签订合作开发协议,明确其在技术成果转化中享有的分成比例。采用上述模式,工程中心确保自身在实验室技术——市场推广整个生产链的各个环节与第三方进行合作,实现了工程中心资源结构的优化。

第三,多元化的盈利模式。工程中心致力于从单纯的技术开发企业向多元化的技术服务商转化,向技术需求方提供技术成果及其使用后的全过程服务,包括销售技术许可、生产专用催化剂和专有设备以及培训、技术咨询服务等多种形式,在这一服务过程中实现公司的收入。

第四,工程中心技术服务商的定位,负责为用户提供整套的解决方案。工程中心提供的服务涵盖实验室研究、工业性试验、技术工艺包等,还包含专用催化剂、专用设备、技术咨询、人员培训等。工程中心依托陕西煤业化工集团,规划建设专用设备制造厂和专用催化剂厂,在此基础上利用自身人员优势和设备优势,为用户提供人员培训服务,为技术购买方从事大规模生产装置建设提供完备的解决方案。

在新技术的转化过程中,引入研发服务模式,提供相应的研发服务,在技术保密的前提下,为部分难以攻克的技术难关寻求外部支持。新的技术通过工程中心来寻找需求方,有一部分企业在技术领域有自己的基础,但是在核心技术上无法取得突破,而此时工程中心就可以转让部分技术,这种研发服务模式,为企业和科研机构带来了较为丰厚的利润,也为进一步的技术开发提供了基础。

同时,工程中心的合作模式,决定了其技术研发工作并非满足某一技术需求方的某一项技术需求,而是站在全行业的高度,从事市场稀缺的高新技术研发工作。基于此,工程中心打造一种全新开发的技术合作模式,以自身的技术优势为基础,广泛引进各类实验室技术,进行工业性试验,进而从事市场推广工作。

以工程中心为依托的创新技术服务模式,是开放的项目选择模式。工程中心特殊的合作模式,决定了可以将具有丰富企业运营管理经验的企业家和具有丰富技术管理和研发经验的科研管理人才汇聚到一起,充分发挥各方优势,从事项目的前期选择工作,降低项目选择和技术判定的风险性。同时,工程中心充分发挥大化所的人才优势,广泛引进行业顶尖人才担任技术委员会成员,提升工程中心的人才资源优势。以工程中心为依托的创新技术服务模式有利于技术成果向全行业推广,有利于技术持有方对技术成果的继续升级,更有利于降低技术需求方进行技术判定时的风险。工程中心的设立使得 DMTO 及其他新型化工技术的转化速度大幅度提高,为DMTO 及其他新型化工技术走向企业、走向市场化提供了良好的渠道。

(5)创新多元的盈利模式,持续获得收益。DMTO 转化过程中采用多元化的盈利模式。其创新型的盈利模式,不是通过自行转化获益,而是通过建立工程中心,致力于从单纯的技术开发企业向多元化的技术服务商转化,向技术需求方提供技术成果及其使用后的全过程服务,包括销售技术许可、生产专用催化剂和专有设备以及培训、技术咨询服务等多种形式,在这一服务过程中实现科技成果的获利。这样的模式在快速、持续获利的同时有效规避了风险,实现了利益的最大化,也通过科技成果的快速大规模转化实现了社会效益的最大化。同时,工程中心也作为技术服务商,为用户提供整套的解决方案。工程中心提供的服务涵盖实验室研究、工业性试验、技术工艺包等,还包含专用催化剂、专用设备、技术咨询、人员培训等。工程中心依托陕西煤业化工集团,规划建设专用设备制造厂和专用催化剂厂,在此基础上利用自身人员优势和设备优势,为用户提供人员培训服务,为技术购买方从事大规模生产装置建设提供完备的解决方案。在此基础上,工程中心采取开放的技术合作模式。工程中心的合作模式,决定了公司的技术研发工作并非满足某一技术需求方的某一项技术需求,而是站在全行业的高度,从事市场稀缺的高新技术研发工作。基于此,工程中心打造一种全新开发的技术合作模式,以自身的技术优势为基础,广泛引进各类实验室技术,进行工业性试验,进而从事市场推广工作。多元化的盈利模式,为企业和科研院所创造了丰厚的利润,也同时促进了 DMTO 转化的实施。

4.3.5　研究结论

DMTO 成果转化的背景是我国富煤少油少气的能源资源环境,该技术能够将我国丰富的煤炭资源转化为我国进口依赖度较高的烯烃类产品,能够有效地保障我国的能源安全,并推动我国能源化工产业的发展,是具有能源战略价值的创新性重大科技成果(该成果获得 2014 年度国家技术发明一等奖)。DMTO 成果的成功转化是由政府推动,以资本为纽带,通过大量的风险投资,以中试和工业性试验完善技术和积累实践经验,运用创新技术服务模式从事科技项目转化的模式。大型科技成果转化模式中政府起到的作用是运用政策引导的方式使企业将资金投入科技成果转化中,并通过财税政策进行鼓励;研发机构主要任务是研发成果原型,并为中试平台的建设提供技术支撑和改进成果;企业主要在政府引导下对科技成果转化和中试平台的建设进行风险投资,以资金为纽带促进科技成果转化;中试平台主要基于成果原型进行技术优化和积累具体的操作经验。本研究通过对DMTO案例的研究,解答了在重大项目科技成果转化的过程中,如何提高科技成果转化能力的问题,为类似大型项目转化提供新的模式和范式,为相应的科技成果转化过程的组织与开展提供了良好的思路。

大型科技成果转化不能单纯依靠市场化手段,需要以政府为主体,并在政产学研合作主体间围绕科技成果建立创新网络的转化方式。大型科技成果的转化过程中,政府在合作伙伴选择上会选择技术能力强、资金充沛的企业,以提升各主体间合作抵抗风险能力,多数选择事业单位或者大型国有企业。大型国有企业与私企相比更易于管理,而且大型国有企业拥有雄厚的技术力量和强大的经济力量。同时,国有企业承担政府任务,并能够提供强有力的经济保障,有能力来提供深入技术研究的资源和平台。由于政府的主导,产学研三方从某种程度上来说都是受政府管理的,而且大型国有企业和大学、科研机构在体系和管理思路上有很大的相似之处,比较容易磨合,三者在政府主导下的关系牢固,能够形成良好的合作。因此,政府所承担的责任不仅仅是主导者和服务提供方,而且还要求政府在合作的过程中,通过政府强大的控制力,有效控制和调节,来带动各合作主体之间的合作,进而降低成果的转化风险。

4.4 西安高校技术转移现状、问题和对策研究

4.4.1 引言

2015年3月13日,中共中央和国务院颁布《中共中央国务院关于深化体制机制改革加快实施创新驱动发展战略的若干意见》(以下简称《若干意见》),到此中国版"拜杜法案"基本成型。《若干意见》提出建立高等学校和科研院所技术转移机制的具体要求,意图将高校打造为技术市场上的主体。2015年8月份修订的《促进科技成果转化法》,落实了《若干意见》的思路和

想法,其重要目的就是下发科技成果的处置权和收益权给高校,以激发高校和科研人员面向经济社会转化科技成果的积极性和创造性,提高国家的科技成果转化效率。

高校是科技成果产出高地,是推动科技成果转移转化的重要技术市场主体。为了探寻高校技术转移的影响因素,已有研究从以下维度进行了探索:(1)制度环境。Sigrid[97]和肖尤丹[98]等研究指出知识产权政策是影响大学—产业知识转移的重要制度保障。(2)高校科研制度因素。Thursby等[99]和郭英远等[100]指出高校技术转移的收益分配比例的制度约定会影响技术转移的成效,毕娟[101]发现高校论文导向的科研成果评价机制会限制高校研发人员进行技术转移。(3)企业主体因素。Dalmarco 等[102]和刘勇等[103]均研究指出企业的技术吸纳能力是影响其与高校进行技术转移的重要因素。(4)技术客体因素。即高校技术研究的成熟度,技术的市场前景等会影响高校技术转移[104]。(5)技术转移中介因素。即技术转移机构的建立以及充足的技术经理人有助于推动高校技术转移[105]。总结前人研究,可以发现前人更多地关注体制机制问题的分析,对于类似西安这样的科技成果集中产出区域的具体技术转移情况的研究偏少。

高校作为知识创新和技术创新的实践者,是我国技术创新活动的重要主体[106]。当前我国高等学校的科研实力日益增强,科技成果转化率仍处于相对较低的水平,既造成国家投入的科研资金严重浪费,也造成了知识与技术的大量流失[107]。西安是中国高等院校聚集的核心城市之一,研究西安市高校的技术转移情况将使高校与企业间的技术转移的途径和方式更清晰,对于透视我国高校技术转移能力具有积极的意义。

4.4.2 《促进科技成果转化法》的修订

2016 年初,李克强总理在国务院常务会议上提到,美国的《拜杜法案》对其创新发展曾起到很大的撬动作用,我们应当好好研究这样的国际经验。我国于 1996 年发布,2015 年重新修订的《中华人民共和国促进科技成果转化法》扫清了科研机构和高校享有科技成果使用、处置和收益权的法律障碍,是中国版的《拜杜法案》。

美国关于《拜杜法案》的历史经验表明,由政府来主导或控制权利的运用,在某种程度上阻碍了技术的成果转化或商品化。

2013 年,我国开始参考美国的《技术创新法》及其修正案,修订《促进科技成果转化法》。新颁布的《中华人民共和国促进科技成果转化法》(2015 年),旨在进一步明确科研机构成果转化的法定义务,同时加强对科技成果转化工作的考核,加强国家层面的技术创新体系建设,实现对成果持有人的奖励,使科技成果转化制度建设焕发出新的活力,为大众创业、万众创新提供源头活水。

新修订的《促进科技成果转化法》主要强调了以下几个方面的制度内容:

一是在科技成果的市场化定价机制方面,修订后的法律条款明确了市场化定价的合法性(不排斥资产评估),并且明确规定了市场化定价的方式和程序。二是加大了对科技成果完成人和科技成果转化工作做出重要贡献的人员——两种双重主体的激励力度,并且该法在明确奖励义务的同时,还特别提到应充分尊重企业的自主权。三是进一步完善了科技成果处置、收益和分配有关的制度,规定把相关的权力下放给大学和研究所,即国立高校对持有的成果,可以自主转让、许可或者作价投资。四是新法明确了相关部门的职责,即建立起利于促进转化的绩效考评体系,对绩效突出的加大支持力度。五是关于科技成果报告及信息发布的问题,新法中提出要建立和完善科技报告制度和建立科技成果的信息系统,向社会发布科技项目实施的情况以及科技成果和相关知识产权信息。

归根结底,新法的修订是为加快大学、科研机构的科技成果向企业、社会转化的速度、效率,优化整体的利益分配机制,即以创新驱动发展,而非以行政驱动发展。

4.4.2.1　陕西省对技术转移法律法规的落地政策

为努力实现国家创新型省份建设的目标,2016 年,陕西省出台了《陕西省促进科技成果转移转化若干规定》,简称"陕九条"。

"陕九条"的内容包括,第一条,规定在陕高等院校、研发机构的项目完成人自主决定转让、许可、作价投资,通过协议定价、在技术市场挂牌交易、拍卖等市场化方式确定价格,只要在本单位公示,无需经过审批;第二条,对省属高等院校、研发机构职务科技成果,最高可将不低于 90% 的转化收益奖励给主要贡献者,奖励直接发给个人,不计入工资总额基数;第三条,陕西省按照总额 20% 的比例出资支持企业依托高校建立新型研发中心,可按照需求导向自行确定研发项目;第四条,建立军民人才双向流动"人才池",5 年内保留回单位通道,"人才池"孵化企业业绩与补助直接挂钩,促进军民科技成果转化互通;第五条,建立"专利池"推动成果转化,每年给予专利持有单位 50% 的专利年费补贴,视转化与共享情况再补;第六条,科技成果完成人可按其现金出资额度 20% 申请省级引导基金支持;第七条,对就地成功实施转化的重大科技成果双向补助;第八条,科技成果以股份制或出资比例等形式奖励成果完成人的部分,暂且不用缴纳个人所得税,在其获得分红或者转让时,依法交纳个人所得税;第九条,将科技成果转化作为省属院校院所年度考核指标之一,作为增加财政拨款的重要依据。支持相关单位建立科技成果转化机构,设立专门岗位,视科技成果转化与论文、纵向课题指标同等对待,突出者纳入破格晋升序列等。

《陕西省促进科技成果转化条例》已经于 2018 年 2 月 1 日起开始施行,对促进科技成果转化的相关措施做了细化和完善,是成果转化的"新保镖"。

促进转化的第一步,是制定转化的工作计划,条例以科技成果转化目录、项目指南和供求信息的定期发布等方式,促进信息的公开和流动,而科技报告制度和科技成果信息系统是科技成果转化信息的来源,更是建立起信息发布平台的保障。

从高校的配合实施上来看,条例要求高校建立起职务科技成果管理制度,并在其中明确备案、实施、权益分配、保障及异议处理等具体内容。其中,对负责人如何算尽职尽责做出了明确的定义,而且特别提到,在协议定价中,只要负责人履行好自己的义务且未谋取非法利益,当科技成果价格因市场波动等因素发生变动时,无决策责任。这就在事实上给协议定价这种定价方式释放了政策空间,减少了交易成本,也降低了一定价格区间内资产评估的必要性。条例还明确了科技成果完成人对于有转化价值、有转化可操作性但未在两年之内完成转化的科技成果如何进行转化的问题

同时,条例鼓励企业加大对技术创新的投入,鼓励企业激励其内部成员进行科技成果的研究和转化工作,给予包括税收优惠在内的多项政策优惠。其中还特别为国有企业如何提高核心竞争力给出了做法上的指导。

另外,条例细化了对于科技政策领域的军民协调机制和农业科技成果转化机制的规定。在军民融合方面,要建立起军民融合信息平台,定期完成发布信息和转化目录的任务,设立产业基金,人才方面注重军民两用人才的培养,促进资源配置。在农业科技成果转化上,强调将过程管理引入、应用到技术推广中,培养企业、高校、推广机构之间的合作关系。

政府则联合社会力量为科技成果转化提供一系列服务和保障措施,注重信息、代理、价值评估、人才培训、孵化、资金等方面对于科技成果转化的双向作用,做好协调工作,更好地服务于科技成果转化。

4.4.2.2　陕西省部分高校的实施情况

(1)西安交通大学。西安交通大学于 2016 年 12 月 30 日发布了《西安交通大学科技成果转化管理办法》,对学校的科技成果转化的工作进行了具体规定。

从组织实施来看,西安交通大学对于科技成果转化的促进,主要是通过明确主体责任和各流程的具体环节来促进科技成果转化的责任和制度管理,从规范层面确保流程的联动性。

学校对科技成果的转化主要以"教职工和学生创造—学校拥有—科技成果转化工作领导小组领导—科技成果转化办公室组织管理协调—实验室处监管—财务处核算审批—资产公司审核合作单位或成立科技入股公司合法合理性"为基本流程环节,细分创造主体和转化主体,以科研院为主要领导单位,多个相关部门参与科技成果的转化流程,从而实现效率的最大化(见表4-6)。

表4-6　西安交通大学:主体责任建设促进工作机制运转

创造主体		教职工(包括聘用人员)和学生
知识产权所有者		学校
转化主体	转化组织主体	科研院下设的科技成果转化办公室
	直接责任主体	科技成果完成人和所在学院
	转化实施过程监管主体	实验室处(学校国有资产管理委员会秘书单位)
	成果转化收益的会计核算和经费使用审批	财务处
	成果作价入股实施	资产公司

学校在职教职工、在读学生和聘用人员作为创造主体,所研发的科技成果的所有权归西安交通大学的情况有五种,如图4-7所示。

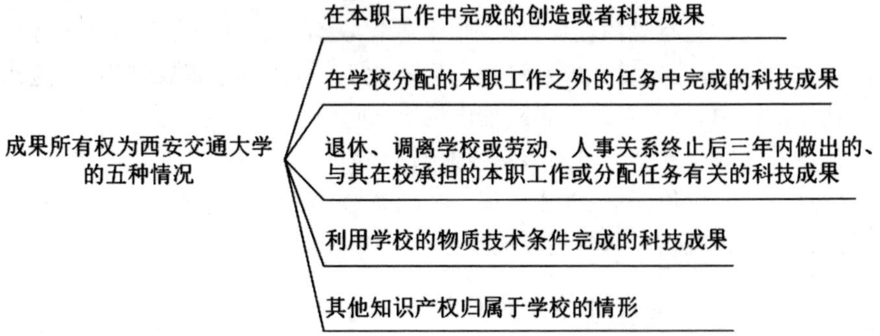

成果所有权为西安交通大学的五种情况

- 在本职工作中完成的创造或者科技成果
- 在学校分配的本职工作之外的任务中完成的科技成果
- 退休、调离学校或劳动、人事关系终止后三年内做出的、与其在校承担的本职工作或分配任务有关的科技成果
- 利用学校的物质技术条件完成的科技成果
- 其他知识产权归属于学校的情形

图4-7　成果所有权为西安交通大学的五种情况

学校是科技成果的所有人,可自主决定转让方式。其中,作价投资由资产公司负责,以成立科技入股公司的方式转化科技成果;若要对科技成果作价入股转化,则实行会签制度。

职务科技成果完成人和参加人作为发明人,可以委托学校进行科技成果转化,也可以与学校签订协议,不变更成果权属,自主进行该项科技成果的转化(转化方式为许可、转让或作价入股),如图 4-8 所示。

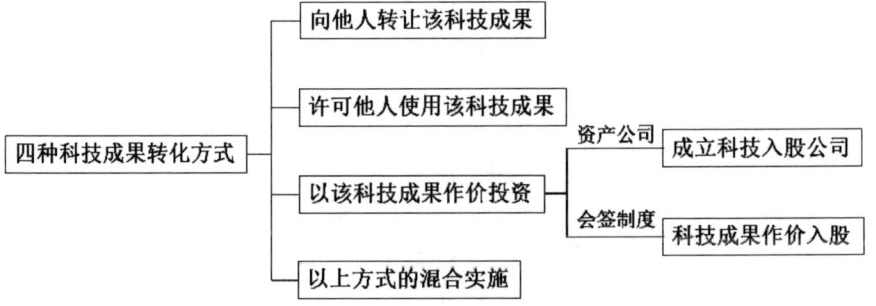

图 4-8　西安交通大学规定的四种科技成果转化方式

科技成果的定价方式为三种,如图 4-9 所示。其中,校内公示要明确异议处理的程序和办法。

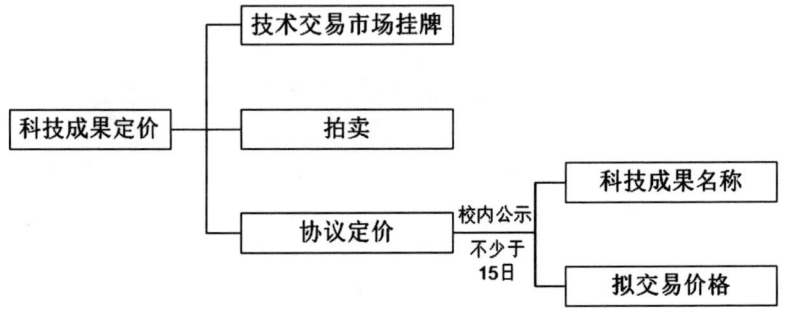

图 4-9　西安交通大学科技成果定价方式

对于科技成果作价入股,如图 4-10 所示,实行会签制度(在科技成果完成人与合作单位商定初步合作条件,并得到所在单位给出的具体意见后,由科研院根据需要组织校内外专家进行论证,并形成书面的论证意见,一并送审)。当需要对科技成果进行第三方评估时,由科研院和实验室处委托有资质的评估机构,进行作价评估并出具书面评估报告,而协议定价同样需要在校内公示科技成果名称和拟交易价格(时间不少于 15 日,同时明确并公开异议处理程序和办法)。

科技入股公司由资产公司和技术完成人参与成立(公司名称中不得出现"西安交通大学"或其简称以及其他能代表"西安交通大学"的文字或符号),并按权益奖励分配及委托代管协议持有各自所占股份。该公司如确需使用学校的房屋、设备和水电等资源从事科研活动,应经过审批,有偿使用。

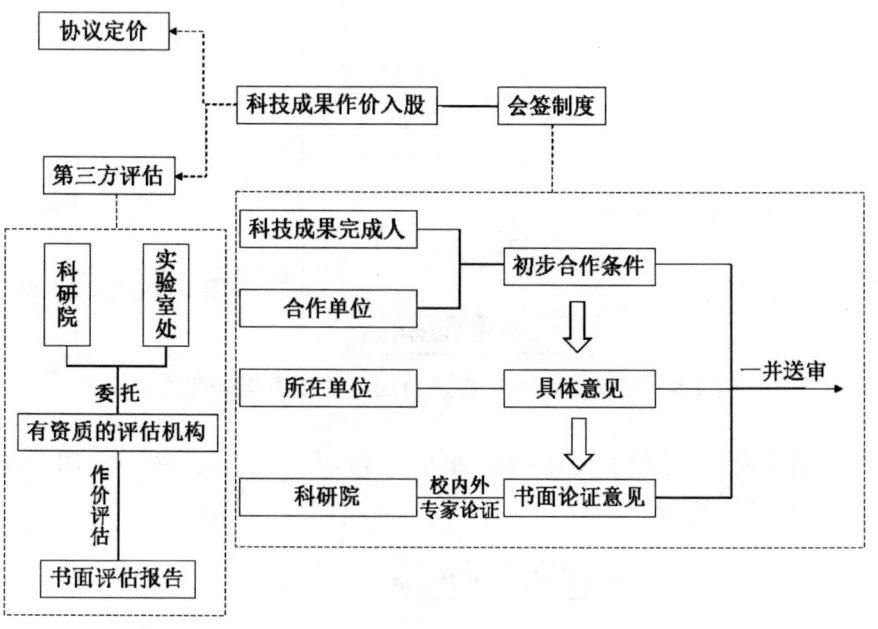

图 4-10　西安交通大学科技成果作价入股管理制度

在实施上,具有地域上的倾向性。学校鼓励科技成果首先在中国境内实施;而向境外的组织、个人转让或者许可其独占实施科技成果的,要遵纪守法。

转化收益的分配情况,如表 4-7 所示,其中特别具体规定了:①技术完成人所在单位所得的用途:在科技成果许可与转让所得收益中,技术完成人所在单位所得,须用于科技成果转化相关工作。②给予资产公司的激励措施:在科技成果作价入股情况下,学校可在持有的技术成果股权所得收益中给予资产公司一定的奖励。③技术完成人的收益分配办法:科研成果转化的奖励即技术完成人的收益,可按照课题组津贴奖励金和科研发展基金方式办理,具体比例由技术负责人确定(技术完成人多于一人的,其收益和股权分配由第一完成人按照实际业绩贡献进行分配)。④校级正职领导及学校所属具有独立法人资格单位的正职领导作为科技成果的主要完成人或为成果转化做出重要贡献者时,只能按规定获取收益,不能拥有股权,且须公开公示;校级副职领导可以获得收益和股权,且必须公开公示。

表 4-7 西安交通大学科技成果转化权益分配安排

	技术完成人	学校	技术完成人所在单位
科技成果许可与转让所得收益	80%	15%	5%
科技成果作价入股所得股份	80%	20%	—

此外,西安交通大学还给出了其他促进科技成果转化的具体措施,如表 4-8 所示。

表 4-8 西安交通大学促进科技成果转化的配套措施

	促进科技成果转化的配套措施
1	建立科技成果信息公示和转化管理平台,统筹各项事务
2	资产公司建立成果转化职业经理人队伍(可进行培训或市场聘任等)
3	学校科研人员在完成本职工作的前提下,经学校同意,可到企业兼职从事科技成果转化,或者离岗创业(在不超过三年的时间内保留人事关系)
4	完善了职称评定、岗位管理和考核评价制度
5	对违反《科技成果转化办法》的行为做出了责任追究的相关规定

(2)西北工业大学。西北工业大学对《促进科技成果转化法》的落实,主要是通过明确主体责任和各流程的具体环节,来促进科技成果转化的责任和制度管理。

从组织实施科技成果转化的主体方面看,主要涉及七个部门和单位,包括科学技术管理部、国有资产管理部、资产经营管理公司、人事处、财务处、研工部和学校的二级单位。

科学技术管理部主要负责科技成果的筛选和登记,校内科技成果信息和社会需求信息的收集整理,校科技成果的发布和推广,按程序签订转让或实施许可合同等工作。国有资产管理处负责对科技成果价值评估全过程的监管。对无形资产的管理,以及进行对外投资建账。资产经营管理公司负责代表学校对具有良好转化前景的科技成果进行重点培育和孵化,负责创建或投资企业的相关事宜,并持有企业股份;积极争取经费支持等工作。人事处负责指导学校二级单位进行科技成果转化相关岗位设置及管理,制定校内科技人员和离岗创业人员的绩效考核、职称评定管理办法等工作。成果转化收入的财务管理、会计核算和收入分配等工作由财务处负责。研工部负责对学生创新创业团队中具有良好转化前景的科技成果进行重点培育和孵化,与资产经营管理公司等部门共同处理学校持有企业股份等权益事宜。学校二级单位需要协助成果完成人和学校,实施科技成果的推广和转化。另外,科技成果转化中涉及国家安全和秘密的,要依法按照规定的程序办理相应保密手续。

对于科技成果的转化,如图 4-11 所示,明确了五种转化方式。

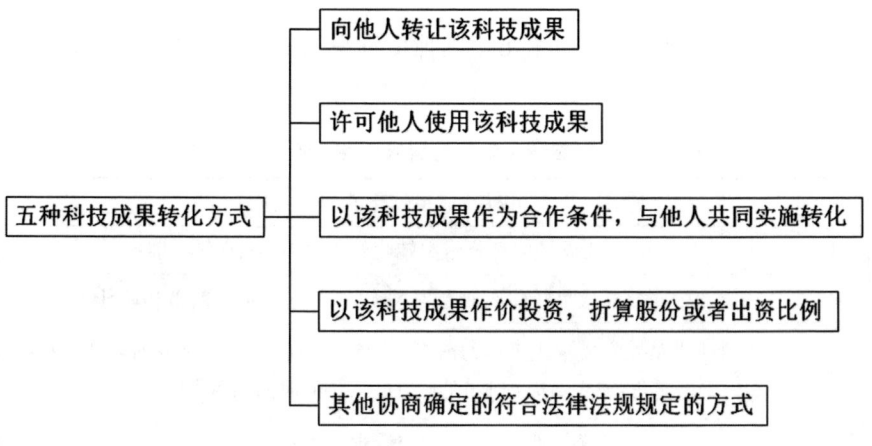

图 4-11 西北工业大学规定的五种科技成果转化方式

学校设科学技术管理部,与校党委常委会和国有资产管理处共同负责科技成果转化的审批工作。其中,一般采用协议定价、拍卖、在技术交易市场挂牌交易等方式,对许可使用和直接转让的科技成果进行定价,但科技成果的名称和交易价格需在学校网站进行公示,后由科学技术管理部和国有资产管理部负责审批工作;对于含专利转让的技术合作,一般采用协议定价方式,协议中应明确该科技成果在合作转化中有关权益的归属(无新发明创造的科技成果的权益,归该科技成果完成单位;产生新的发明创造的,新发明创造的权益归合作各方共有;对产生的科技成果,各方都有实施该项科技成果的权利),后由科学技术管理部负责审批工作;对于技术入股的科技成果,需要首先对科技成果的价值进行评估,整个过程由国有资产管理处进行监管,定价完成后,在学校党委常委会或其授权机构确认下,由资产经营管理有限公司代表学校持有企业股份,实际获得的股权净收益由资产经营管理公司代为持有,由学校统筹使用。

科技成果转化收益的分配情况,如表 4-9 所示,其中特别规定了:①科技成果转化收益在科研团队内部各成员之间的分配方法:由成果完成人根据参加人员的实际贡献,内部协商决定。②应依法缴纳个人所得税的情况:

许可他人使用该科技成果、在科技成果转化中获得报酬和学校奖励的个人，应依法缴纳个人所得税。

表 4-9　西北工业大学科技成果转化权益分配安排

	成果完成人（及团队）	学校	
		学校	二级单位
直接转让/许可使用	70%	20%	10%
含专利转让的技术合作	取得的收益参照横向项目进行管理，并以合同额的5%奖励成果完成人及团队		
技术入股股权分配	60%	40%	—

给予完成、转化科技成果做出贡献人员奖励和报酬的支出，计入当年学校工资总额，但对科技成果创造和转化做出贡献的人员给予的奖励属于工资之外的额外支出，并且不仅奖励科技成果完成人，还对科技成果转化操作者进行激励，以提升科技成果创造和转化的积极性。

此外，西北工业大学还给出了其他促进科技成果转化的具体措施，如表 4-10 所示。

表 4-10　西北工业大学促进科技成果转化的其他措施

	促进科技成果转化的措施
1	将科技成果转化工作纳入对二级单位（不含人文社科管理类学院）工作的考核范围，主要考核指标是：①专利转化数量；②专利转化收益
2	鼓励平台和联盟搭建，包括：①产学研合作平台；②鼓励二级单位和企业共建联合实验室、联合研究中心、学生实习实践培训基地和研究生工作站；③鼓励二级单位加入行业技术创新联盟
3	要求二级单位采取措施，加强队伍组织和技术支撑环节建设
4	允许校内科技人员离岗创业：①从事科技成果的转化；②创办学科型企业
5	建立符合科技成果转化工作特点的职称评定、岗位评聘、考核评价和工资、奖励制度（学校在职称评定、岗位评聘时对从事科技成果转化人员的工作量和成果予以认定）
6	学校对违反《科技成果转化办法》的行为做出了责任追究的相关规定

(3)西北农林科技大学。西北农林科技大学于 2017 年 12 月出台了新的《科技成果转化管理办法》。

因为学校以农业见长,所以对其科技成果(学校持有或所有的具有实用价值的应用技术类智力劳动成果)做出了进一步细化,主要包括:动植物新品种、专利、专有技术、技术秘密、技术标准、计算机软件等。

在组织实施层面,首先教职工、学生的科技成果主要权益归属于学校。学校可以对外签订技术合同,并按相关规定对使用和转让该项技术成果所取得的收益进行分配。

学校设置西北农林科技大学技术转移中心负责科技成果转化的专门管理,如图 4-12 所示。

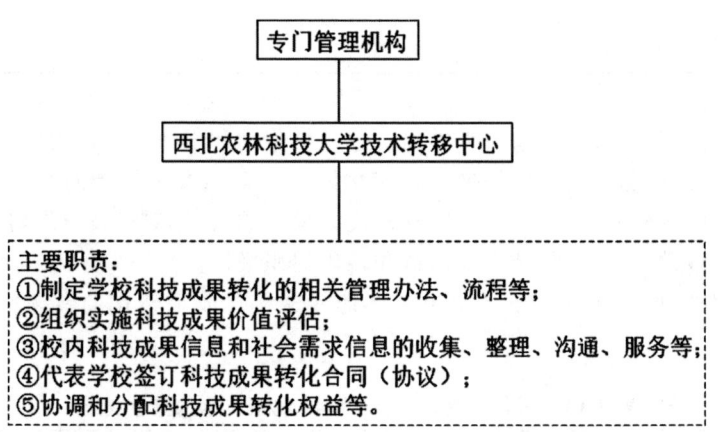

图 4-12　西北农林科技大学科技成果转化机构及其职责

科技成果转化前,由各二级学院(所)负责、技术转移中心协助完成资产评估工作。

科技成果转化的方式规定有五种,如图 4-13 所示。

学校科技成果转化管理工作由校院两级管理:若转化收入小于等于 50万元,由所在学院(所)经过研究,做出决定,并报学校技术转移中心审核,签订转化合同;若转化收入大于 50 万元,则首先由学院(所)提出转化意见,然后报学校进行研究。另外,重大和境外科技成果转化项目,需经校长办公会研究后进行决定。

科技成果的定价方式为:协议定价、在技术交易市场挂牌交易、拍卖等。但审核程序不能少:成果完成人要向技术转移中心提交书面材料,按程序进行报批。通过协议定价,协议价款超过 50 万元的,须经过一个评议过程,这个过程由成果完成单位、相关管理部门负责人和相关专家组成评议小组来完成,另外还必须将相关内容公示 15 日,无异议后才能对外转让、许可或者作价投资。

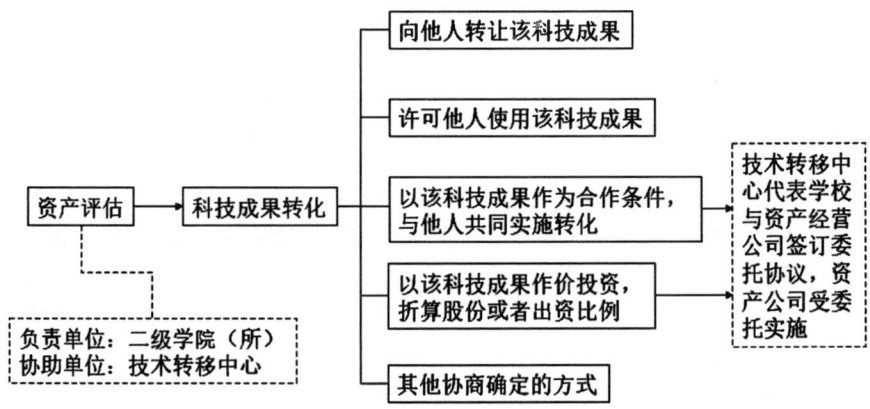

图 4-13　西北农林科技大学科技成果转化方式

　　科技成果转化后,学校按照三方——学校、完成人所在单位及对完成、转化科技成果作出重要贡献的人员,对转化净收入进行分配和奖励,如表 4-11 所示。①分配给学校部分的用途:全部用于设立科技成果转化基金。②分配给成果完成人所在单位的部分的用途:用于研发与成果转化工作。③对完成、转化科技成果做出重要贡献人员的奖励比例的规定:收益中大于等于 50% 的部分用于奖励在研发和转化中作出主要贡献的人员。④成果负责人分配奖励的安排:应充分考虑参与完成和转化成果的其他人员,并将分配方案在本单位公示,无异议后再进行发放。⑤对科技人员中的有处级以上领导职务,又作为科技成果主要完成人或转化人的说明:实行成果转化收益分配公示和报告制度。

表 4-11　西北农林科技大学科技成果转化权益分配安排

		对完成、转化科技成果作出重要贡献的人员	学校及其单位			
			学校	课题组	二级单位	资产经营公司
转让或许可方式		60%	20%	10%	10%	—
成果作价投资	股份	50%	50%	—	—	(管理学校股份)
	收益	100%	50%	20%	10%	20%
与他人合作实施		投产后连续 5 年每年提取营业利润的 5%				

同时,如表 4-12 所示,办法对离职、退休科技人员为成果唯一完成人以及仅由学生申报且专利权人为学校的两种特殊人群的转化收益进行了具体规定,并对科技成果的主要完成人或者对科技成果转化作出重要贡献的人员担任学校(不含内设机构)正职领导职务可获得的激励类型做出了特别说明。

表 4-12　西北农林科技大学对特殊群体关于科技成果转化的权益分配安排

	成果完成人以及为成果转化做出重要贡献的人员	学校	所在二级单位
离职、退休科技人员为成果唯一完成人	60%	30%	10%
仅由学生申报的专利(且专利权人为学校)	60%	30%	10%
担任学校(不含内设机构)正职领导职务	现金奖励(原则上无股权激励)		

同时,学校鼓励和支持除学校技术转移中心、成果完成人以外的中介机构或人员积极宣传并推介学校科技成果,转化成功后可从该成果转化收入中提取 1%～5% 奖励给个人,奖励给中介机构的比例需要具体协商。

科技人员面向社会开展技术开发、技术咨询、技术服务等横向合作活动,完成项目任务后的结余资金按照科技成果转移转化收益分配办法进行奖励和分配。

从中可以看出,相比旧规(见表 4-13)的权益分配形式和比例,新规做出了很大调整。

表 4-13　西北农林科技大学科技成果转化权益分配安排(旧规)

		成果创造人	学校
技术转让转化(分段累计)	纯收益<20 万元部分	50%	学校 30%二级单位 20%
	纯收益>20 万元部分	30%	学校 40%二级单位 30%
参股份形式转化		30%	学校 40%(技术股本归学校所有)二级单位 30%

西北农林科技大学其他促进科技成果转化的配套措施，如表 4-14 所示。

表 4-14　西北农林科技大学促进科技成果转化的配套措施

	促进科技成果转化的配套
1	鼓励由校内专家团队或科研机构牵头，与企业或其他组织共建研发平台或技术创新联盟（共同开展研究开发、成果应用与推广、标准研究与制定等产学研合作活动）
2	学校将教职工的科技成果转化业绩作为职称晋升、岗位考核的参考指标
3	学校通过一定期限内无偿许可学生实施学校专利的方式，鼓励学生使用学校科技成果进行创新创业，待无偿许可期满再与学校签订有偿转化合同
4	学校建立健全技术秘密保护制度，保护学校的技术秘密。 ①教职工应遵守技术秘密保护制度； ②学校与参加科技成果转化的有关人员签订在职期间或者离职、离休、退休后五年内保守技术秘密的协议； ③有关人员不得违反协议约定，泄露技术秘密和从事与原单位相同的科技成果转化活动
5	教职工不得将科技成果擅自转让或者变相转让
6	学校对违反《科技成果转化办法》的行为做出了责任追究的相关规定

（4）西北大学。2017 年 9 月，西北大学印发了新的《促进科技成果转化实施办法》，成立科技成果转化领导小组，作为校科技成果转化的最高决策机构（校长任组长，分管科研的副校长任副组长），转化负责成员包括高技术转移创新研究院、科学技术处、社会科学科研管理处、西安西大经营资产管理有限公司、人事处、教务处、学生工作处、研究生院、资产设备管理处、财务处、校团委等单位的主要负责人。

高技术转移创新研究院（以下简称高转院）是学校的科技成果转化的管理、组织、协调和服务机构（服务内容如图 4-14 所示），代表学校签订科技成果转让、专利许可使用及其他"四技"等活动的经济合同（协议），并对学校科技成果转化微种子基金进行管理（高转院和科技处合署办公）。该机构聘请职业经理人团队，根据需求提供科技成果转化过程中各个环节的服务，保证专业性，其报酬从成果转化获益中提取。

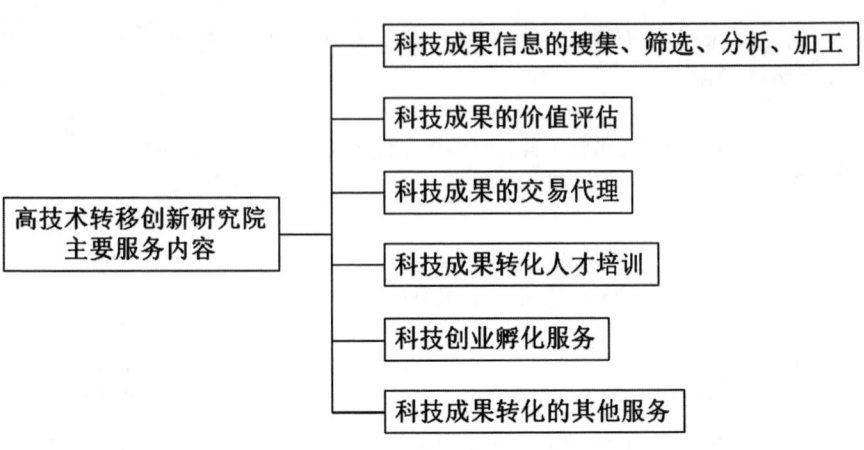

图 4-14　西北大学高技术转移创新研究院主要服务内容

　　高转院对学校持有的科技成果,可自主实施或授权成果负责人实施转化。对于 2 年内未转化的科技成果,高转院可委托有资质的中介机构采取挂牌交易、拍卖等方式实施转化(见图 4-15)。

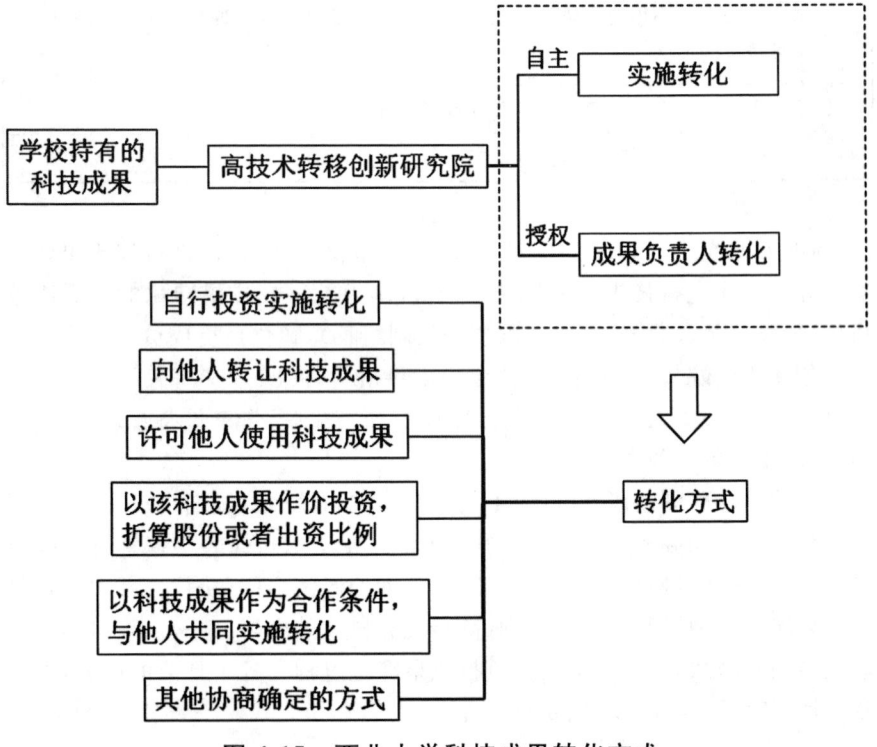

图 4-15　西北大学科技成果转化方式

　　高转院或成果负责人,都可以对于符合条件的科技成果,通过协议定价、在技术交易市场挂牌交易、拍卖等方式来确定价格。

　　通过协议定价进行转化的科技成果,可采用协商或公开询价的方式确定成交价格。可采用公开询价的方式,对技术交易市场挂牌交易或拍卖进行转化的科技成果,确定基准价格。根据高转院、成果负责人或成果受让方的需要,可选择国家认证的专业机构进行价值评估,作为成果转化定价的参考依据,评估费用由提出评估方支付(采用协议定价的,由高转院在学校官网公示科技成果名称、内容摘要、转化方式、拟交易价格等信息,明确并公开异议处理程序和办法,公示期 15 日。受让方是职务科技成果完成人或者其利害关系人的,应当予以注明)。

　　在科技成果转化收益的分配情况,如表 4-15 所示,其中特别规定:①在科技成果以转让或许可方式转化的情况下,学校如何来获取成本补偿:成本补偿按转化价格的 5% 计算,并扣除转让过程中实际发生的相关费用(转化过程中应缴纳的相关税额由受益方分别支付)。②科技成果作价入股方式转化中的集中特别情况:一是成果负责人可对学校持有股份选择回购;二是学校持有股权的收益部分按照校资产管理公司、高转院、所在单位以 3∶8∶4 的比例分配(高转院收益部分纳入学校科技转化微种子基金)。③成果完成团队的奖励的使用方法:奖励获取形式由成果负责人自主决定,可将奖励作为团队后续的研发费用,或是缴纳税金后提取奖励。成果负责人负责团队其他人员的奖励安排。其中,团队内部有约定的按约定执行;无约定的,负责人获得奖励比例不低于总奖励的 50%,团队其他教师奖励总额不低于 20%。

表 4-15　西北大学科技成果转化收益分配安排

	成果完成团队	成果所在单位	学校	
			成本补偿	微种子基金
转让/许可转化	90%	4%	转化价格的 5% 及服务费用	6%
作价入股方式	85%	—	5%	10%

　　另外,西北大学还建立了其他促进科技成果转化的配套措施,如表 4-16 所示。

表 4-16   西北大学促进科技成果转化的配套措施

	促进科技成果转化的配套措施
1	职称评聘中增设成果转化与社会服务型岗位,重点评价教师与科研人员在成果转化、科技推广、社会服务等方面的业绩。对贡献突出的人员,纳入破格晋升职称序列
2	对科技成果转化业绩突出的二级单位,在年终科研绩效切块时予以认可体现。(学院"一院一策"建立内部成果转化激励办法,报科技处/社科处备案)
3	博硕士研究生在读期间的成果要求,以及研究生导师首次上岗资格审核的成果要求中,科研成果转化与发表高水平学术论文同等对待
4	对科技成果转化业绩突出、参与"双导师制"科技创新创业平台建设等的研究生培养单位和导师,在研究生教育绩效奖励、招生资格认定、招生指标分配、工作量计算等方面予以奖励和政策倾斜
5	学校统筹自设成果转化基金、各级政府支持我校成果转化的专项经费以及成果转化收益等设立西北大学科技成果转化微种子基金;融合学校、企业、社会资本和政府引导资金,设立西北大学科技成果转化种子基金,重点支持创新创业团队开展技术和产品的中试活动,孵化和扶持其创立中小微企业
6	学校教职工可以申请离岗创业或兼职并取得合法报酬,离岗创业不超过三年时间保留人事关系;可聘请有创业经验的企事业单位的科技人才在学校兼职,从事教学和科研工作
7	学校对违反《科技成果转化办法》的行为做出了责任追究的相关规定

实施情况分析:陕西省高校对《促进科技成果转化法》落实的管理制度,主要从总则、组织实施、权益管理、配套措施、责任追究、附则等六大方面展开。其中,不同的高校对科技成果的具体内容做出了符合学校优势学科特色的进一步界定。从主要负责科技成果转化的机构建设上来看,主要依托科研院/技术转移办公室对科技成果进行转化。从收益分配上来看,各个高校的分配比例也存在一定差异,但相关制度基本都符合法律规定。

从与《科技成果转化法》的对照上来看,四所高校各方面制度建设较为明确的内容和制度体现不明确或尚未制度化的内容如表 4-17 所示。

表 4-17　四所高校实施情况与《促进科技成果转化法》的对照

《促进科技成果转化法》		西交	西工大	西北农林	西大
科技成果应有利于加快实施创新驱动发展战略，促进科技与经济的结合	经济效益 社会效益	□□	□	□	□□
	保护环境 合理利用资源	□	□	□	□□
	促进经济、社会发展，维护国家安全	□□	□□		□□
转化应尊重市场规律，发挥企业主体作用	遵循市场经济原则	□□	□□	□□	□□
	依法律法规、依合同，享权益、担风险	□	□	□□	□
转化活动遵纪守法、维护国家利益，不损害他人合法权益		□□	□□	□□	□□
科技成果实施	鼓励首先在中国实施	□□	□	□	□
	境外实施应遵守法律规定	□□	□	□	□
接受地方各级人民政府管理、指导和协调科技成果转化工作		□□	□	□	□□
国家建立、完善科技报告制度和科技成果信息系统	公布信息不得泄露国家秘密和商业秘密	□	□□	□□	□
	项目承担者 财政支持（提交报告、知识产权信息）	□	□	□	□
	项目承担者 非财政支持（鼓励提交报告、成果及产权信息）	□	□	□	□
建立军民科技成果相互转化体系	军品科研生产应当依法优先采用民用标准	□	□	□	□

续表

《促进科技成果转化法》		西交	西工大	西北农林	西大
成果持有者可采用的转化方式	自行投资实施转化	☐☐	☐	☐	☐☐
	＊向他人转让该成果	☐☐	☐☐	☐☐	☐☐
	＊许可他人使用该成果	☐☐	☐☐	☐☐	☐☐
	以该成果作为合作条件，与他人共同转化	☐	☐☐	☐☐	☐☐
	＊以成果作价投资，折算股份或者出资比例	☐☐	☐☐	☐☐	☐☐
	其他协商确定的方式	☐☐	☐☐	☐☐	☐☐
高等院校应当加强对科技成果转化的管理、组织和协调	成果转化队伍建设	☐☐	☐☐	☐☐	☐☐
	优化成果转化流程	☐☐	☐☐	☐☐	☐☐
	转化机构 依托本单位技术转移机构	☐☐	☐☐	☐☐	☐☐
	转化机构 委托独立成果转化服务机构	☐	☐	☐	☐☐
高等院校对其持有的科技成果，可自主决定转让、许可或者作价投资，但应当通过协议定价、在技术交易市场挂牌交易、拍卖等方式确定价格		☐☐	☐☐	☐☐	☐☐
职务科技成果的完成人和参加人在不变更职务科技成果权属的前提下，可以根据与本单位的协议进行该项科技成果的转化，并享有协议规定的权益		☐☐	☐	☐☐	☐
成果完成人或课题负责人，不得阻碍职务科技成果的转化，不得将职务科技成果及其技术资料和数据占为己有，侵犯单位合法权益		☐☐	☐☐	☐☐	☐☐

续表

《促进科技成果转化法》			西交	西工大	西北农林	西大
激励机制建设	绩效考评	建立有利于促进科技成果转化的绩效考核评价体系	☐	☐☐	☐	☐☐
		对科技成果转化绩效突出的相关单位及人员加大科研资金支持	☐	☐☐	☐	☐☐
		建立符合科技成果转化工作特点的职称评定、岗位管理和考核评价制度	☐☐	☐☐	☐☐	☐☐
	完善收入分配制度		☐	☐☐	☐☐	☐☐
高等院校应当向其主管部门提交科技成果转化情况年度报告 （说明本单位依法取得的科技成果数量、实施转化情况以及相关收入分配情况）			☐	☐	☐	☐
国家鼓励研究开发机构、高等院校与企业相结合，联合实施科技成果转化，高等院校可以参与政府有关部门或者企业实施科技成果转化的招标投标活动			☐	☐	☐	☐
国家鼓励企业与研究开发机构、高等院校及其他组织联合建立研究开发平台、技术转移机构或者技术创新联盟等产学研合作方式			☐	☐☐	☐☐	☐
国家鼓励研究开发机构、高等院校与企业及其他组织开展科技人员交流			☐☐	☐	☐☐	☐☐
支持企业与研究开发机构、高等院校、职业院校及培训机构联合建立学生实习实践培训基地和研究生科研实践工作机构，共同培养专业技术人才和高技能人才			☐	☐☐	☐	☐
国家支持科技企业孵化器、大学科技园等科技企业孵化机构发展			☐☐	☐☐	☐	☐☐

续表

《促进科技成果转化法》		西交	西工大	西北农林	西大
科技成果完成单位与其他单位合作进行科技成果转化的	应依法由合同约定该成果有关权益的归属	□	□□	□□	□
	合同未做约定的,按照三项原则办理(注)	□	□	□□	□
	合作各方应当就保守技术秘密达成协议;当事人不得违反协议或者违反权利人有关保守技术秘密的要求	□	□	□□	□
应当建立健全技术秘密保护制度(可以与参加科技成果转化的有关人员签订在职期间或者离职、离休、退休后一定期限内保守本单位技术秘密的协议)		□□	□□	□□	□
高等院校转化科技成果所获得的收入全部留归本单位,在对完成、转化职务科技成果做出重要贡献的人员给予奖励和报酬后,主要用于科学技术研究开发与成果转化等相关工作		□□	□	□	□
对科技成果完成、转化做出重要贡献人员的奖励和报酬的方式、数额和时限	单位制定相关规定并公开(符合国家基本奖励比例)	□□	□□	□□	□□
对完成、转化职务科技成果做出重要贡献的人员给予奖励和报酬的支出计入当年本单位工资总额,但不受当年本单位工资总额限制、不纳入本单位工资总额基数		□	□□	□	□□
相关法律责任追究		□□	□□	□□	□□

注:1. 对表中四所高校简称的说明。

西安交通大学简称西交,西北工业大学简称西工大,西北农林科技大学简称西北农林,西北大学简称西大。

2. 对表中符号的说明。

□:表示制度体现不明确或尚未制度化的内容。

□□:表示制度建设较为明确的内容。

3. 在成果持有者可采用的转化方式这一项目中,国家鼓励方式以 * 号标识。

从以上情况来看,这几所高校落实《促进科技成果转化法》的情况良好,对该法与高校相关的规定方面,都有不同程度、各具特色的落实,但仍然存在以下几个问题:

第一,缺乏对该法中,应促进转化的科技成果的范围的强调。我们要促进科技成果的转化,但是应该明确,我们要促进转化什么样的科技成果。应该被重视的是那些具有经济社会效益的科技成果、有利于可持续发展的科技成果、维护社会和谐与发展的科技成果。作为最基本的价值界定,这一点应该在各高校具体落实中有所体现。

第二,未能对实施范围的优先性做出较为明确的规定。科技成果优先就地实施、优先在中国实施,是促进区域经济发展和国家经济发展的一项战略性决策。无论是《拜杜法案》还是《促进科技成果转化法》,都对科技成果转化的实施范围的优先性做出了特别说明,这一点应在高校管理制度中予以重视。

第三,未能对军民科技成果转化体系的建立给出具体措施。

第四,四所高校中,两所(西北工业大学、西北农林科技大学)未对"自行投资实施转化"的情况给出明确规定。

第五,部分高校未能将"对科技成果转化绩效突出的相关单位及人员加大科研资金支持"制度化,明确给予绩效突出人员更大的支持力度。在这一点上,西北工业大学于 2018 年 3 月出台了《西北工业大学科研成果奖励办法》,明确由科学技术管理部以现金方式对于不同类别的科研成果给予奖励。西北大学也有明确的规定。

第六,对于与企业联合实施科技成果转化、与政府或企业实施招标投标活动、与企业联合建立学生实习实践培训基地和研究生科研实践工作机构,未能在管理制度上给予足够的关注。

第七,对于成果完成单位与外界合作进行科技成果转化时,秘密的保守、合作的协议问题,还需多加留意。

第八,在科技成果转化所获收入中,对完成、转化职务科技成果做出重要贡献的人员给出奖励和报酬后的那部分,即应用于科学技术研究开发与成果转化等相关工作的收入的制度化,应予以体现。

此外,各高校在具体管理制度中,还存在一些交代模糊或稍显自相矛盾的内容。

首先,部分高校职务科技成果转化受到国有无形资产管理的制约,在增添了成果转化流程的复杂性的同时,科研人员的创新积极性也受到了一定程度的抑制。在西安交通大学,实验室处(国有资产管理委员会秘书单位)对科技成果类无形资产的转化与具体实施过程进行监管,维护国有资产完整。在西北工业大学,国有资产管理处负责科技成果价值评估全过程的监督管理,以及无形资产和对外投资建账等工作。在《转化规定》调研实践中,大学、院所中大量存在发明人以职务成果自主创业的现象,如西大化工学院教师创办的巨子生物、西安交大教师创办的天隆科技等;但这些创业活动普遍遮遮掩掩、不敢示人。究其原因,一是当时职务科技成果产权定义模糊,二是未对科研人员创业给予公开的肯定和支持。

其次,在上述高校的职务科技成果的转化流程中,科技成果转化往往由多个部门管理,如财务由财务处管理,技术合同由行政处、科研院或者学院管理等,技术管理体系看似明确,却会存在多头领导、多方审批等问题,使得科技成果转化的环节相应增多,再加上审批手续的要求,会减缓科技成果转化的速度,同时降低技术转移中心在科技成果转化过程中本应具有的主导作用。在西安交通大学,科研院下设的科技成果转化办公室、科技成果完成人及其所在学院、实验室处、财务处、资产公司等部门和单位参与了科技成果转化流程,同时科技与教育发展研究院、科技园等都具有促进产学研合作的职能,这些部门存在职能交叉的现象。在西北工业大学,科学技术管理部、国有资产管理部、资产经营管理公司、人事处、财务处、研工部和学校的二级单位等主体均参与科技成果转化的实施过程。

最后,部分学校对于协议定价做出了详实的规定,却将该环节与资产评估联系在一起,这显然是矛盾的。西安交通大学规定"需要对科技成果进行第三方评估的,由科研院和实验室处委托有资质的评估机构对科技成果进行作价评估,出具书面评估报告"。在西北农林大学,科技成果对外转化时,更是明确要求提交资产评估报告(包括评估报告书、评估说明和评估明细表),按程序审批。西北大学规定"根据高转院、成果负责人或成果受让方的需要,可选择国家认证的专业机构进行价值评估,作为成果转化定价的参考依据,评估费用由提出评估方支付",这项政策较为合理的原因是为有疑虑的一方提供了自费进行参考的机会。协议定价,即指双方协商后,得出科技成果转化的成交价格。既然协议定价已经可以确定一个较为合适的交易价格,便没有必要再进行资产评估这个环节。原因有以下四点:一是从心理上讲,科技成果完成人对于自己完成的成果,有较为准确的心理认知和行业标准比较,既不会便宜地卖给别人,也不会脱离行业市场价位;二是从动机上讲,在现有规定下,成果完成人在科技成果转化后取得大部分收益,几乎不会存在"暗箱操作"的积极性;三是从成本消耗上来看,资产评估是需要委托有资质的评估机构进行的,而委托一个有资质的评估机构是需要付费评估的,科技成果被评估的价值越高,付费标准则越高;四是从时间和效率方面考虑,资产评估过程增加了科技成果转化的时间,降低了整个转化过程的效率。另外,"陕九条"在国内首次明确科技人员享有成果定价权,即规定科技人员自主决定成果转化,自主主持公开询价,谈判确定成交价格,无须经过本单位审批,取消了定价过程中的资产评估环节,也表明这项制度是不合理的,需要进行调整。

另外,西北农林科技大学"通过一定期限内无偿许可学生实施学校专利的方式,鼓励学生使用学校科技成果进行创新创业,待无偿许可期满再与学校签订有偿转化合同"的这项措施在实际操作中可能会出现利益争端和无法真正落地实施的情况。原因是所有的专利都具备这样一个特点,即由发明人发明、权利人所有。对于学校所拥有的专利,作为发明人的学生无偿实施转化没有问题,但是对于非发明人的学生,倘若无偿对其他科研人员发明的科技成果进行了转化,取得的收益在分配时就很难说清楚,这实际上是一种制造矛盾和利益纠纷的行为,同时也违反了《促进科技成果转化法》第五章关于技术权益的规定的内容。

通过对陕西省四所高校促进科技成果转化的管理办法与《促进科技成果转化法》和陕西省政策的比对分析,出现落实中存在以下问题:第一,缺乏对该法中,应促进转化的科技成果的范围的强调。第二,未能对实施范围的优先性做出较为明确的规定。第三,未能对军民科技成果转化体系的建立给出具体措施。第四,部分高校未对"自行投资实施转化"的情况给出明确规定。第五,部分高校未能将"对科技成果转化绩效突出的相关单位及人员加大科研资金支持"制度化,明确给予绩效突出人员更大的支持力度。第六,对于与企业联合实施科技成果转化、与政府或企业实施招标投标活动、与企业联合建立学生实习实践培训基地和研究生科研实践工作机构,未能在管理制度上给予足够的关注。第七,部分科技成果对外转化时的保密制度仍需健全。第八,在科技成果转化所获收入中,分配剩余部分应用于科学技术研究开发与成果转化等相关工作,未能制度化。第九,部分高校职务科技成果转化受到国有无形资产管理的制约,增添了成果转化流程的复杂性。第十,在科技成果的转化流程中,其转化往往由多个部门管理,存在多头领导、多方审批等问题,会降低科技成果转化的速度,同时降低技术转移中心在科技成果转化过程中本应具有的主导作用。第十一,部分学校对于协议定价做出了详实的规定,却将该环节与资产评估联系在一起。第十二,部分配套促进科技成果转化的措施,未能处理好促进创新创业与保障发明人利益的关系。

4.4.3 西安高校技术转移活动分析

4.4.3.1 西安技术交易基本情况

2008—2017 年西安市技术交易分布情况如图 4-16 所示。10 年来西安市技术交易的合同数和交易金额快速增加,说明西安的技术交易市场有了一定的发展。西安技术交易市场的建设和发展完善对于推动高校的技术转移工作是非常有利的。技术交易市场可以为交易双方提供包括技术交易合同认定、技术价格评估等服务,也方便买卖双方彼此了解、洽谈协商。

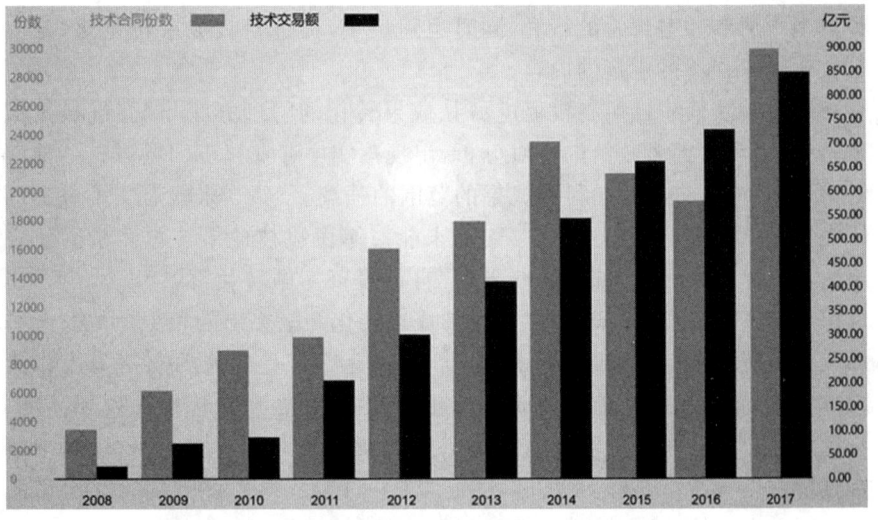

图 4-16 2008—2017 年西安市技术交易情况

注:数据和资料源自陕西省科技资源统筹信息服务平台 2011—2016

4.4.3.2 西安高校技术研发活动基本情况

西安市科技资源非常丰富,2010—2015 年,西安市 6 年间研究与开发(R&D)活动情况如表 4-18 所示。数据显示,从 2010 年到 2011 年,西安市有 R&D 活动的高等院校数急剧增加,之后基本保持稳定。高校内从事科技活动的人员数量逐年增加,R&D 经费的内部支出也快速增长。这些指标表明,从 2010 年到 2015 年,西安市高校对研发活动的重视程度、参与规模都在逐步增加。这种趋势符合国家创新驱动发展战略,符合产业转型升级的要求。在研发项目数量中,高校的项目数量最多,这表明西安市高校的研发作用不可或缺,且具备雄厚的研发能力。

表 4-18　2010—2015 年西安市高校研究与开发(R&D)情况

项目	2010	2011	2012	2013	2014	2015
单位数/个	50	47	48	46	47	69
有 R&D 活动单位数/个	26	47	48	46	46	64
科技活动人员/人	36 380	40 821	42 652	40 454	43 973	45 825
R&D 经费内部支出/万元	213 382	282 926	289 010	304 608	334 944	336 808
R&D 项目课题/个	23 393	21 708	24 042	24 576	28 392	29 397

2010—2015 年西安市高校研发活动的研究人员折合全时当量从 6891 人/年增长至 7545 人/年,累计增长了 9.50%。6 年来西安市高校获得的研发经费处于增长状态,其中来自政府的资金数量从 12.75 亿元,增长至 19.57 亿元,累计增长了 53.50%,企业资金支持从 7.67 亿元增长至 13.52 亿元,累计增长了 76.26%;整体反映出政府财政资金和企业资金是高校研发活动的重要资金来源,且两者呈现较快的增长趋势。从 2010 年到 2015 年,西安市高校专利申请数量、专利授权数量、有效发明专利数、科技论文量都呈现出显著的增长态势,其中高校专利申请量从 3741 个增长到 8270 个;专利授权数从 1954 个增长到 6224 个;有效发明专利数从 6200 个增长至 11 511 个;科技论文量从 37 116 篇增长至 43 247 篇。总的来看,西安市高校研发能力强劲,具备推动技术转移的良好基础。

4.4.3.3　西安市重点高校技术交易情况分析

2017 年西安市内高校的技术输出情况如图 4-17 所示。可以发现,横向比较来看,不同高校的技术输出情况差别很大。西安交通大学、西北工业大学、长安大学、西安建筑大学和西安电子科技大学等是最主要的技术输出主体,其他学校技术交易数量很少。这说明不同学校的技术能力、对经济发展的支撑程度有所不同,优势的技术资源集中于少数几个较为著名的高校中。

西安市内"211 工程"大学 2012—2017 年技术输出变化情况如图 4-18 所示。西安交通大学和长安大学的技术输出的交易额总体上呈明显上升趋势,增幅较大。其他学校技术输出的交易额有增加,但增速相对较慢。

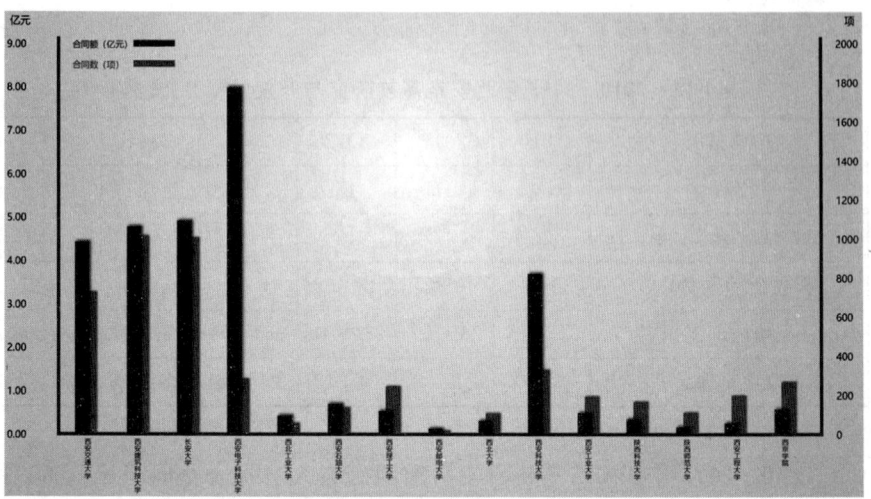

图 4-17   2017 年西安市部分高校技术输出情况

注:数据和资料源自陕西省科技资源统筹信息服务平台 2011—2016

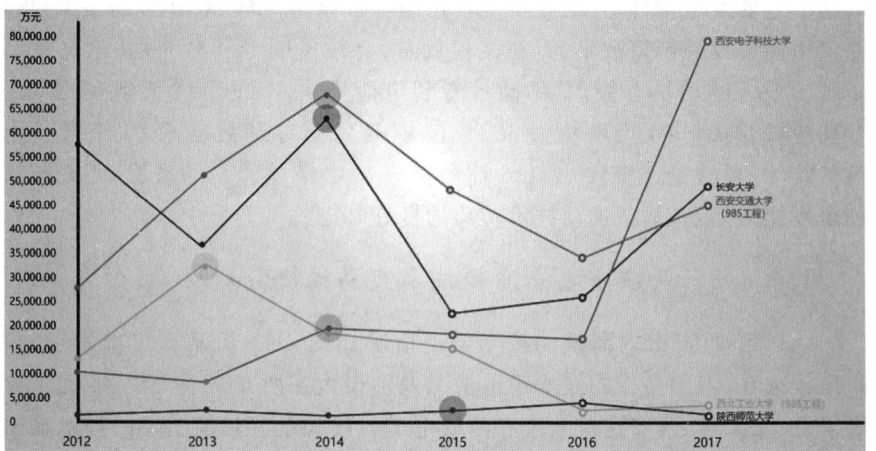

图 4-18   2012—2017 年西安市内"211 工程"
"985 工程"大学技术输出情况

注:数据和资料源自陕西省科技资源统筹信息服务平台 2011—2016

4.4.3.4 西安市高校技术转移"技术开发多、技术转让少"特征分析

2009—2013 年西安市高校各类技术交易活动数量和金额的构成如图 4-19 和图 4-20 所示。通过对比分析,可以发现最明显的特点是技术开发和技术服务的合同数量、交易金额要远远高于技术转让和技术咨询的合同数量和金额。事实上,不仅在西安整体范围内有这个现象,国内其他省份也存在"开发多、转让少"的现象[108]。历年来的《高等学校科技统计资料汇编》显示,在全国范围内,高校技术转移活动中"开发多、转让少"的现象普遍存在。

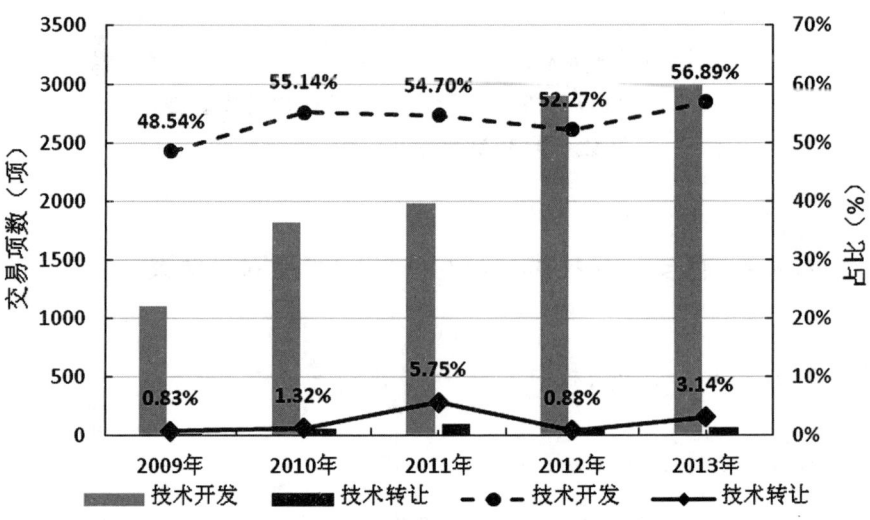

图 4-19 2009—2013 年西安市高校技术开发与技术
转让合同交易成交数量统计图

对此,研究该现象背后的原因,我们可以发现:一方面,在当前西安高校的科研管理制度安排下,科研人员在技术转让中缺乏成果控制权利且无法保障转让收益,在技术开发中享有较大的控制权利和稳定收益;为保护个人权利和保障收益,科研人员倾向于选择技术开发方式转让技术成果。另一方面,现阶段高校直接产生的技术成果的可转移性比较低,其中能找到配套的科技服务资源的比例更低,使得转让合同在"四技合同"中占比较低;而技术开发属于产学研合作、协同创新、联合开发,有助于高校科技人员持续参与技术创新活动。因此,"开发多、转让少"的现象是高校科研管理制度与技术市场选择的结果。

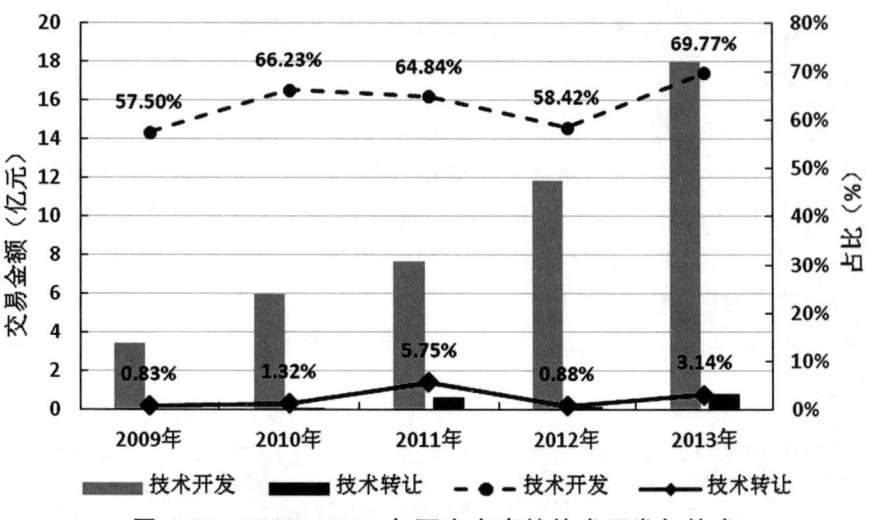

图4-20 2009—2013年西安市高校技术开发与技术
转让合同交易金额统计图

4.4.4 西安高校技术转移存在的问题及对策建议

4.4.4.1 西安高校技术转移存在的问题

1. 高校技术转移制度环境存在的问题

西安市高校技术转移的制度环境存在三个层面的问题:(1)西安市高校技术转移的政策仍需细化和落地。《若干意见》和新《转化法》虽然对高校技术转移提出明确的新要求,但西安高校在技术支撑服务体系等领域的政策配套与实施细则仍然亟待明确和细化,具体的创新性政策举措"谁执行、怎么执行"仍然是当前政策需要进一步明确的问题点。(2)知识产权保护问题一直是高校面临的难题,一方面,高校作为知识创造和扩散的主体,具有主动披露研究创新、展示创新发现以抢占创新制高点的主观动力;另一方面,高校技术转移不足也造成了知识产权管理制度缺漏,科研人员知识产权保护意识淡薄的问题。知识产权保护意识不强,科技成果的保密制度不完善,造成了科技成果等无形资产的流失、浪费等问题。(3)高校科技成果产权制度亟待改革。已有政策更多地强调将科技成果的处置权和收益权下放给高校,但忽视了科技成果所有权改革问题(即高校技术转移本质上未变更科技成果权属,而是高校国有资产处置的一类活动),使得职务科技成果处置和收益分配面临国有资产监管的问题。

2. 高校技术转移中介服务存在的问题

西安高校技术转移服务生态呈现"碎片化"特征,金融服务、资金支持缺乏,产学研一体化机制不完善,技术中介的基础设施不健全。技术市场、技术中介机构支撑的信息沟通、资源共享、供需对接等平台建设仍需完善。具体问题表现为:(1)西安科技大市场的技术价格评估服务的开展的困难程度较高,当前的技术价格评估不能达到唯一性,即采用不同的算法有不同的估计价格,不能达到公认的标准化。技术价格评估问题与技术本身特点相关联,不能单纯从成本上核算技术的价格,也不能从市场的预计收益(带有弹性的指标)中去核算估计价格,因此,技术价格评估很难达到唯一性。以科技大市场为例,当前西安科技大市场的技术价格评估服务正处于建设阶段,仍需进一步完善。(2)西安市技术市场缺乏完整的技术转移中介服务链条。西安市的专业化的技术中介机构处于初建阶段,并没有完全形成,不能为创新企业提供专业化的法律、资金、运营团队等方面的科技服务。西安市很多高校均建立了大学科技园、创新研究院、科技孵化器等创新组织,但均缺乏将高校科技成果引进创新平台的能力,未形成从创新源头到创新孵化的创新产业化链条。

3. 高校技术转移自身存在的问题

高校技术转移机制不畅,高校法人技术营销能力缺乏、高校科研导向偏离企业需求、教师评价机制中技术转移评价的权重低、缺乏协同创新和合作的机制等问题,具体表现为:(1)高校内部成果转化权利配置不合理,如权利配置与技术营销能力不匹配、高校科研管理部门与技术转移部门之间的权利配置不合理、教师个人权利缺乏保障机制。第一,科研院与技术转移中心的职能、权责重复,彼此之间职能划分不清;第二,高校技术转移中心的功能不健全,缺乏市场化独立转化高校科技成果的决策权,受控于高校行政部门。(2)西安市高校的科研激励和评价标准主要以论文和项目成果为主,对科技成果的应用重视不足,存在"重学术、轻应用;重鉴定、轻转化"的现象。西安市高校更多地强调知识创造(科学研究)和知识传承(知识教育),缺乏知识服务(成果转化、技术转移)的使命感,导致高校未根据自身学科特长、科技成果优势,发展形成对外许可、转让成果的技术营销能力。(3)高校内部收益分配机制不完善,如国家层面的收益规定在高校内部无法落实、激励机制的效果不佳、收益分配政策不完善。大部分高校未制定技术转让收益分配机制,特别是如何分配、分配给谁、分配流程等信息缺乏制度化的引导方案。

4.4.4.2 促进西安市高校技术转移的对策建议

1. 优化西安市技术转移制度环境

(1)西安市应该以《西安市加快促进科技成果转移转化 20 条措施》(市政办发〔2018〕119 号)为核心,结合西安高校技术转移现状及特点,完善起引导作用的知识产权管理政策与法规体系。应重点围绕科技投入、科技成果鉴定与推广、科技中介服务规范等领域完善整体的支撑体系,核心是规范和引导高校与各类市场主体之间形成良好的技术转移互动合作关系。同时,应围绕技术转移完善配套政策的实施权利范畴,确保政策法规能够有效地保障高校参与技术转移活动[109]。此外,通过完善孵化服务、风险基金、中试服务、知识产权服务等手段,完善技术转移配套政策的实施准则和政策细则。

(2)进一步提升对高校知识产权的保护力度。首先,政府要积极落实知识产权保护的相关法律,确保高校与企业进行技术转移过程中的技术权益受到法律保障;其次,支持高校建立知识产权管理机构,对高校技术转移活动进行集中管理,专门的知识产权管理机构对校内进行科技成果类知识产权的日常管理,对外负责推动知识产权的处置与交易,推动高校技术转移活动多元化和丰富化;最后,加大对高校和科研人员知识产权保护的意识,通过培训和典型案例分析等方式提高科研管理人员和科研人员的知识产权保护意识。

(3)试点实施高校科技成果混合所有权改革。借鉴成都市出台的《促进国内外高校院所科技成果在蓉转移转化若干政策措施》(简称"成都十条"),将高校科技成果所有权进行混合制改革,即优先将科技成果的所有权在高校与科技人员之间进行确权,将事后的收益权转变为事前的所有权,将科技人员收益分配的比例折算为科技成果的所有权,使得高校科技成果的所有权具备了单位与科技人员共有的混合所有性质[110]。混合所有制改革能够突破高校技术转移的国有资产监管制约,是有效实现高校科技成果所有权、处置权和收益权有序衔接的重要制度创新。

2. 完善高校技术市场和技术中介服务体系

西安市技术中介应走综合型发展道路,核心是将技术服务、信息服务、人才服务、知识产权服务等进行整合,建立能够为高校技术转移活动提供全方位、多元化的技术中介服务组织。通过资源整合,打造综合化、一体化的技术中介服务机构,能够解决技术中介机构条块分割的发展问题,建立西安市技术转移的生态体系。具体的完善策略包括:(1)完善技术价格评估功能。制定技术价格评估管理办法,进一步规范评估方式、明确评估内容和流程;制定多元化的评价标准,综合多种评估方法,鼓励根据科技成果的特点和类型,采用定性评价与定量评价相结合的评价方法。鼓励科研人员参与到科技成果的定价决策之中,实现高校、科研人员在科技成果定价上的一致性预期。(2)完善技术中介服务产业链。第一,延伸科技服务至高校内部,搭建综合性的创业团队,推动高校与社会、企业的协同创新和协同创业。第二,推动社会购买科技中介服务。财政资金奖励科技中介服务组织的组建和发展;对于推动高校与企业开展技术转移活动的科技中介组织,政府应给予资金、财税奖励,同时,政府以财政资金补贴或提供财政担保等方式,给予技术转移承接企业支持和鼓励;第三,发展专业化、多层次的科技服务,包括财务服务、企业管理服务、营销服务等,为高校技术转移提供完善的科技服务,营造良好的社会生存环境。

3. 完善高校技术转移服务体系

当前,高校仍是科技成果研发的核心阵地,如何完善高校技术转移支撑体系,激发高校和科研人员技术转移的动力,是解决高校科技成果与市场和产业技术发展的对接问题的关键。完善西安高校技术服务体系的策略包括:(1)建立专门的技术转移办公室[111]。高校科技成果转化工作是环节诸多、涉及面广、管理复杂的一种工作,其内容包括:对成果的市场应用前景进行调查和评估,对潜在的市场需求对象进行甄别和对接,对成果各利益主体收益分配的设定和落实,对成果技术商业化的跟踪和服务,对技术产品的市场宣传和市场开拓等。(2)调整高校的研究导向和教师评价标准。一是将技术转移与科技成果转化指标纳入高校教师评价体系之中或加大其权重;二是建立公正科学的评价机制,组建包括科研人员、行业专家、企业投资者在内的评价小组,考虑到多方利益的评价小组能够提升评价的全面性和准确性,同时能够将技术提供者和技术需求者的具体需求和能力进行对接,将技术的市场需求和经济效益纳入评价体系之中,提高技术转移的成功率[112]。(3)在高校内部形成激励兼容的技术转移收益分配机制。将学校、学院、科研人员及其团队,以及科技成果转化商业化团队全部纳入收益分配对象,激励各方主体的积极性和主动性,从而形成一股合力,共同致力于科技成果的成功转化,提高科技成果转化效率和成功率。

4.4.5　研究结论

借助高等院校的智力优势,将先进技术和创新知识转移到企业,实现知识的利用和社会财富的增长,是实现技术创新和经济发展的重要途径。西安市作为高校聚集重镇,推动高校将知识优势和先进技术面向国民经济主战场实施转移,是中国西部地区深化改革开放与实现创新驱动发展的重要途径。本书对西安高校技术转移活动进行了全面深入的分析,得出以下研究结论:(1)西安高等院校的研究与开发(R&D)活动规模逐年扩大,政府和企业的研发经费投入量增速显著;(2)目前西安市高校拥有较雄厚的研发能力,其专利申请数量、专利授权数量、有效专利数、科技论文量等研发成果产出呈现出显著增长态势;(3)西安市高校的技术转移活动处于上升状态,主要的技术转移主体是西安市内较为著名的几所高校,大部分高校对技术转移活动的参与程度较低;(4)对西安市高校而言,其技术开发和技术服务的规模远远高于技术转让和技术咨询的规模,即高校的科技成果转化更体现在高校教师直接运用研究能力服务社会发展等方面,而非直接的科技成果。总体来看,西安市高校的技术转移活动越来越活跃,高校和企业的合作交流也在增加,呈现出良好的发展态势。同时,本书围绕西安高校技术转移中出现的问题,提出了优化西安市技术转移制度环境、完善高校技术市场和技术中介服务体系、完善高校技术转移服务体系等政策建议。

4.5　研究型高校科技成果转化水平与区域经济协调关系研究

当前,我国正值全面建成小康社会决胜期,坚持实施创新驱动发展战略和区域协调发展战略既是大势所趋,也是民心所向。随着科技创新对经济社会各项事业影响的横向发展和纵向深入,科技创新已然成为区域经济发展的重要基础和支撑力量,为其提供不竭动力。科技创新的转化水平和能力直接决定了区域经济发展的质量和效率。

在以产业链凝聚创新链所构建的创新网络中,创新主体能提升区域创新系统的治理能力。其中高校和科研机构是创新系统的源头、处于上游;政府、金融机构和中介为创新进行制度供给和服务,处于中游;企业作为创新活动主体处于创新链的下游。整个创新网络的每一个环节协同创新,共同促进知识和技术的转移和扩散[113]。高校在创新网络中起着至关重要的作用，既是创新的源头、创新的主要来源，又是知识和技术转移的主要承担者，在科技成果转化中起着关键作用。

《中华人民共和国科技成果转化法》将科技成果界定为通过科学研究与技术开发所产生的具有实用价值的成果。科技成果转化是指为提高生产力水平而对科学研究与技术开发所产生的具有实用价值的科技成果所进行的后续试验、开发、应用、推广，直至形成新产品、新工艺、新材料和发展新产业等活动。

高校科技成果转化水平是衡量科技推动经济增长速度的关键指标。高校科技创新能力和科技转化水平是经济增长的必要非充分条件。换言之，经济增长需要高校这一创新主体提供源动力——科技创新，但直接决定经济能否高质高效增长的是科技成果的转化水平。

4.5.1　绪论

4.5.1.1　国内外研究现状

目前，国内外专家学者以不同的视角对科技成果转化水平推动经济增长进行了实证研究。王海兰[114]从产学研视角分析了高校科研经费投入与区域经济增长的关系，主要通过直接渠道、贸易渠道、投资渠道和人口渠道四个方面产生作用和影响，并用面板数据建立固定效应模型进行实证分析，发现对经济增长从东部到中部再到西部依次递增的促进作用，以及对产业结构升级呈倒 U 型的变化规律。马卫华[115]分析了高校科技成果转化工作存在的问题和制约因素。周文泳[116]运用 DEA 模型和 Malmquist 指数对高校的科研效率进行动态评价，归结出各高校科研活动的症结并提出相关建议。孙晓春[117]认为通过优化科研环境、搭建科技创新平台、解决资金来源难题等方式，可有效地将高校科研创新成果运用到区域经济发展中。孙文祥[118]运用各省数据建立计量模型对高校研发实力与经济增长进行了实证分析。李明[119]采用扩展的网络数据包数模型（DEA）根据科技创新产出最优化来研究转化效率。弓兰秀[120]运用 DEA－Malmquist 指数评价模型对江苏省 32 所高校的科技成果转化效率进行了测度分析。

4.5.1.2　研究评述

专家学者主要运用固定效应模型、DEA 模型及经过改进的 DEA－Malmquist 指数评价模型进行实证分析，从而得到很多有价值的结论。但大部分都选用了单一的指标经费投入来研究对经济增长的影响。本书则选取科技投入和产出两个维度的指标建立指标体系综合反映科技成果转化水平对经济增长的贡献和影响。

对于区域经济的划分按照国务院发展研究中心所提出的八大综合经济区(东北综合经济区、北部沿海综合经济区、东部沿海综合经济区、南部沿海经济区、黄河中游综合经济区、长江中游综合经济区、大西南综合经济区和大西北综合经济区)进行研究。既不是简单粗略地划分为东部、中部、西部、东北四大板块,也不是研究某一地域的发展情况,而是扩充了研究范围,从而得出更多有价值的结论。

此外高校是个宽泛的概念,以学术研究培养科研型人才为主导的研究型大学和以传道授业培养应用型人才为主导的普通地方院校都可以称之为高校。然而不同层次高校科技创新能力不同,其科技成果转化能力和水平也不同,不能一概而论。研究型大学的科技创新活力更旺盛,无论是各方各类投入还是产出能力效率都是高校创新的主力军。故本书以研究型大学(教育部直属院校)为研究对象评价高校科技成果转化水平,并对不同区域内高校的科技成果转化水平和经济发展的协调关系进行研究。

4.5.1.3　研究思路

本书的研究技术路线为,第一,选取教育部直属的 65 所双一流研究型高校根据所处地域分为八大综合经济区(东北综合经济区、北部沿海综合经济区、东部沿海综合经济区、南部沿海经济区、黄河中游综合经济区、长江中游综合经济区、大西南综合经济区和大西北综合经济区);第二,依据科技投入、产出两个维度建立科技成果转化效率指标体系;第三,采用熵权法进行赋权,运用 TOPSIS(Technique for Order Preference by Similarity to an Ideal Solution)分析法建立八大综合经济区的科技成果转化水平评价模型;第四,建立各区域高校科技成果转化水平的经济贡献率模型;最后,建立错位指数模型来评估不同区域高校科技成果转化水平与区域经济的错位关系。

4.5.2　数据与评价模型

4.5.2.1　数据与指标体系

本书选取教育部直属的 65 所双一流研究型高校 2017 年和 2018 年反映科技成果转化水平的指标数据(数据来源:高等学校科技统计汇编)建立

科技成果转化效率指标体系(表 4-19)。

表 4-19　科技成果转化效率指标体系

一级指标	二级指标	三级指标
科技投入	科研人员投入	研究与发展人员(人)I1
		R&D 成果应用及科技服务人员(人)I2
	科研经费投入	政府资金 I3
		企事业单位委托 I4
		其他经费 I5
科技产出	成果	出版科技著作数量(部)O1
		发表学术论文(篇)O2
	专利授权	科技成果专利授权数(件)O3
	科技交流	派遣(人次)O4
		接受(人次)O5
		交流论文(篇)O6
		特邀报告(篇)O7
	科技奖励及收益	技术转让合同金额 O8
		科技成果专利出售数总金额(千元)O9
		各类奖励(项)O10

4.5.2.2　科技成果转化水平评价模型

1. 指标赋权方法

指标赋权的方法主要有客观赋权法和主观赋权法两类。客观赋权法有因子分析法、主成分分析法、灰色关联评价法、熵权法等;主观赋权法包括专家打分法、专家咨询法、层次分析法、功效系数法等。本书采用客观赋权法的熵权法来进行赋权。

熵源自物理学概念,用于描述系统内分子无序性。熵的概念最早由申农引入信息论,产生了信息熵的概念,在工程技术、社会经济等领域得到了广泛的应用。信息熵主要用来反映信息系统的无序程度,在具体使用过程中通过对各指标变异程度的衡量来确定指标权重。熵权法可以用于任何评价问题中的指标权重确定问题,可以结合一些方法共同使用。相对于层次分析法等主观赋值法,熵权赋权法具有精度高和客观性强的优点,能够更好地解释所得到的结果。

C. L. Hwang 和 K. Yoon(1981)首次提出了 TOPSIS。其思路主要是运用归一化后的数据,通过评价对象与理想解的接近程度进行相对优劣的评价。作为一种评价与理想解距离的排序方法,理想解是一个虚拟的最优解,它的各个指标值都达到了评价对象中各指标的最优值,而负理想解是虚拟的最差解。TOPSIS 原理直观,计算简便,对于评价对象规模大小和评价指标多寡均无严格限制,即可用于不同对象的横向对比,又可用于同一对象的纵向分析,它的评价结果能够充分利用原始数据的信息,定量地反映了评价对象的优劣程度。TOPSIS 分析法是进行不同地区差异分析以及评价的有效办法,可以有效应用于产业经济评价以及等级划分等方面。

2. 科技成果转化水平熵权 TOPSIS 法评价的具体步骤

第一步:根据科技成果转化水平所选取的指标,赋予具体指标数值,得出初始矩阵 M,假设有 p 个评价对象(高校),q 个评价指标(维度),则有原始矩阵为:

$$M_{pq} = \begin{bmatrix} M_{11} & M_{12} & \cdots & M_{1q} \\ M_{21} & M_{22} & \cdots & M_{2q} \\ \cdots & & \cdots & \\ M_{p1} & M_{p2} & \cdots & M_{pq} \end{bmatrix}$$

原始矩阵中 M_{ij} 指标数值越大,表明指标信息量越大,在科技成果转化水平的评价中作用越大,反之则作用越小。

第二步:各评价指标量纲和数量级不同,无法比较,故对其进行标准化处理,得到规范矩阵 N。计算公式为:

$$N_{pq} = \frac{M_{ij} - \min\{M_{ij}\}}{\max\{M_{ij}\} - \min\{M_{ij}\}}$$

其中,$\max\{M_{ij}\}$,$\min\{M_{ij}\}$ 分别为初始矩阵 M 的最大值和最小值。得出

$$N_{pq} = \begin{bmatrix} N_{11} & N_{12} & \cdots & N_{1q} \\ N_{21} & N_{22} & \cdots & N_{2q} \\ \cdots & & \cdots & \\ N_{p1} & N_{p2} & \cdots & N_{pq} \end{bmatrix}$$

第三步:根据规范矩阵 N 计算第 j 项指标下第 i 个样本所占比重:

$$f_{ij} = \frac{1 + N_{ij}}{\sum_{i=1}^{p}(1 + N_{ij})}$$

第四步:计算各项指标的信息熵(entropy)e_j:

$$e_j = -(\ln p)^{-1} \sum_{i=1}^{p} f_{ij} \ln f_{ij}$$

第五步:计算信息熵冗余度(redundancy)$r_j = 1 - e_j$,并得到各指标权重 $w_j = \dfrac{r_j}{\sum\limits_{j=1}^{q} r_j}$。

第六步:用熵权 TOPSIS 法对各高校科技成果转化水平进行排序。分别用规范矩阵中各指标的最大值和最小值表示理想解和负理想解。用加权欧氏距离计算各高校科技成果转化水平与理想解和负理想解的距离 d_i^+, d_i^-。

$$d_i^+ = \sqrt{\sum_{j=1}^{q} w_j (\max N_{ij} - N_{ij})^2}$$

$$d_i^- = \sqrt{\sum_{j=1}^{q} w_j (N_{ij} - \min N_{ij})^2}$$

计算贴进度即科技成果转化水平 $KJ_i = \dfrac{d_i^-}{d_i^+ + d_i^-}$。

4.5.2.3　经济贡献率模型

经济贡献率是指投入要素带来的经济增长占总经济增长的比重。本研究是指科技成果转化率带来的 GDP 增长(数据来源:中国统计年鉴)占 GDP 总增长的比重。同时为了更好地反映科技成果在不同产业的贡献以反映结构影响,还选取了三大产业的经济贡献率模型,并分别进行了排名。得出经济贡献率 GX_{ij},其中 GX_{i0} 表示 GDP 贡献率,GX_{i1} 表示第一产业经济贡献率,GX_{i2} 表示第二产业经济贡献率,GX_{i3} 表示第三产业经济贡献率。

4.5.2.4　错位指数模型

构建错位指数模型,测度科技成果转化水平与经济贡献率之间的协调关系。先对科技成果转化水平 KJ_i 和经济贡献率 GX_j 进行归一化处理,然后再计算错位指数 CW_{ij}。计算公式:

$$KJ_i' = \frac{KJ_i}{\sum KJ_i}, \quad GX_{ij}' = \frac{GX_{ij}}{\sum_i GX_{ij}}, \quad CW_{ij} = KJ_i' - GX_{ij}'$$

若 $CW_{ij} > 0$,则表示科技成果转化水平正向错位于经济贡献率;$CW_{ij} < 0$,则表示科技成果转化水平负向错位于经济贡献率;$CW_{ij} = 0$,则表示两者无错位关系。

4.5.2.5　结果分析

表 4-20 结果显示,对八大综合经济区域的科技成果转化水平 KJ'_i 进行排名,发现北部沿海以及东部沿海区域的研究型高校科技成果转化水平要显著高于其他区域。究其原因是这两大经济区域主要是京津地区和上海等双一流高校多且科研水平较高的地区。大西北区域高校的科研能力相对较弱。从经济贡献率上来看,东北、北部沿海以及东部沿海区域的经济贡献率较高,其中东北区域的科技成果转化主要带动了第一、三产业的发展,这与东北地区的老工业有待振兴不谋而合。北部沿海地区和东部沿海地区的科技成果转化在三大产业的带动上显得相对均衡。

表 4-20　科技成果转化水平与经济贡献率模型

区域	KJ'_i	排名	GX'_{i0}	排名	GX'_{i1}	排名	GX'_{i2}	排名	GX'_{i3}	排名
北部沿海	0.91	1	6.75	2	224.44	2	18.80	1	11.00	1
大西北	0.01	8	0.00	8	0.00	8	0.00	7	0.00	8
大西南	0.31	4	3.35	4	53.23	4	7.59	3	6.73	4
东北	0.26	5	10.00	1	128.15	3	−27.39	8	7.76	3
东部沿海	0.84	2	5.68	3	891.87	1	18.13	2	8.24	2
黄河中游	0.16	7	1.78	5	36.79	6	4.20	4	3.37	5
南部沿海	0.25	6	1.30	6	49.90	5	3.59	5	2.09	6
长江中游	0.43	3	0.57	7	12.77	7	1.34	6	1.07	7

错位指数分为正向强错位、正向弱错位、无错位关系、负向弱错位和负向强错位五种类型。错位指数模型结果显示(表 4-21),各大综合经济区的科技成果转化水平都负向错位于各大产业经济贡献率,表明科技成果转化水平都有待进一步提高。其中正向强错位是东北综合经济区;大西北与黄河中游区域基本是无错位关系,无论是科技成果转化水平还是经济贡献率都处于低位;北部沿海地区与东部沿海区域都是负向强错位,尤其是在第一和第三产业的错位关系更显著。

表 4-21　错位指数模型

区域	CW_{i0}	CW_{i1}	CW_{i2}	CW_{i3}
北部沿海	−0.68	−0.74	−0.19	−0.63
大西北	−0.01	−0.01	−0.01	−0.01
大西南	−0.20	−0.27	−0.02	−0.14
东北	0.08	−0.17	−1.31	−0.07
东部沿海	−0.64	−0.20	−0.15	−0.63
黄河中游	−0.09	−0.13	0.00	−0.07
南部沿海	−0.21	−0.21	−0.11	−0.20
长江中游	−0.41	−0.42	−0.38	−0.40

4.5.2.6　结　论

对于北部沿海和东部沿海科技成果转化水平较高的综合区域,出现了负向强错位,表明高水平的转化率并没有同等地带动经济的发展,应当充分利用研究型高校的科研成果,深度挖掘科技成果的经济效益。对于大西南、南部沿海及长江中游区域应当大力提升其科技成果转化水平,寻求新的经济增长点,从而推动经济发展。

4.5.3　研究不足与展望

本书由于数据的可及性约束,仅选取了教育部直属的双一流院校作为研究对象,非直属的其他研究型高校的科技成果转化水平有待进一步的研究。可以运用案例分析法对非直属研究型高校的科研水平做更深入详细的分析。

第5章 大数据背景下统计学 相关课程的教与学

5.1 大数据时代统计学课程改革探索

5.1.1 绪论

随着大数据和人工智能时代的到来,人们对数据的关注度越来越高,大到国家政府,小到企业个人,我们都身处于这个深刻变革的数据时代,无论情愿与否,都无法逃避。

5.1.1.1 大数据的概念

在了解了什么是大数据时代后,我们可以进一步了解大数据的内涵。通过查阅大量的文献书籍资料,我们发现对大数据概念的界定取决于定义者的观点和学术背景。想要对其做出统一规范的界定十分困难。[122、123]

维基百科、专家学者对大数据做出了不同的界定。归结起来,对大数据的界定有两个层面,若把大数据视为一个形容词,则可以借用大数据时代数据的特点来对大数据做出界定;若把大数据视为一个名词,则体现的是我们科学研究的对象。大数据是指那些超过传统数据系统处理能力,超越经典统计思想研究范围,不借用网络无法用主流软件工具及技术进行单机分析的复杂数据的集合。对于这一数据集合,在一定的条件和合理的时间内,可以通过现代计算机技术和创新统计方法,有目的地进行设计、获取、管理和分析,揭示隐藏在其背后的有价值的模式和知识。

5.1.1.2 大数据的特点

IBM 将大数据的特点归结为 5V,即 Volume(大量)、Velocity(高速)、Variety(多样)、Value(价值密度)和 Veracity(真实性)。

Volume：是指海量数据的数据量大，包括采集、存储和计算的量都非常大。大数据的起始计量单位至少是 P（1000 个 T）、E（100 万个 T）或 Z（10 亿个 T）。

Velocity：是指数据增长速度快、处理速度快、时效性要求高。比如搜索引擎要求几分钟前的新闻能够被用户查询到，个性化推荐算法尽可能要求实时完成推荐。这是大数据区别于传统数据挖掘的显著特征。

Variety：是指数据的种类和来源多样化。包括结构化、半结构化和非结构化数据，具体表现为网络日志、音频、视频、图片、地理位置信息等，多类型的数据对数据的处理能力提出了更高的要求。

Value：是指数据价值密度相对较低，大浪淘沙却又弥足珍贵。随着互联网以及物联网的广泛应用，信息感知无处不在，信息量大，但价值密度较低，如何结合业务逻辑并通过强大的机器算法来挖掘数据价值，是大数据时代最需要解决的问题。

Veracity：是指数据的准确度和可靠度，即数据的质量。

5.1.2　传统统计学与大数据

统计学是关于对社会经济现象数量方面进行搜集、整理和分析的理论和方法的科学。统计学作为社会经济管理等领域的方法论学科，是分析问题、解决问题的重要方法。其在经济学、管理学、医学、生物学等学科中应用十分广泛，甚至在文学（如红学中运用构词造句习惯推断后四十回为高颚所做）、法学（无罪推断理论）及体育竞技（种子选手筛选）等领域都有相应的应用。传统统计学与大数据的主要区别有以下七个方面[124、125]。

5.1.2.1　样本概念的转变

传统统计学中的样本概念至关重要，只有在明确了总体和样本的概念后，才能根据研究任务和研究目的确定样本框和样本容量。这种情形下，依据随机原则抽取的样本数据是稀缺资源，对其进行详尽的分析研究从而实现样本的最大价值以对总体做出科学的推断。而在大数据时代，因大部分数据为网络数据，故可以进一步分为静态数据和动态数据。

静态数据是在查看数据时，所看到的即时生成的数据，该类数据未与服务器数据库进行交互，所见即所得。这种数据的样本即为总体，无须抽样，故不需要通过样本来推断总体，而是直接分析总体数据，从而不存在代表性误差。

动态数据是随时间推移而变化的数据。涵盖所有依时间排列的各类数据,如时间数列数据(time series)和面板数据(panel data)。此类数据由于所获取的只是时间历史长河中部分时间的数据,因此是一种样本数据。

5.1.2.2 数据结构的变化

传统统计学中分析的数据为结构化数据,是通过统计调查依据事前设计而搜集整理的数据,有其固定的标准和结构,可以用统计图(散点图、折线图、柱状图、条形图、饼图、雷达图、箱盒图等)和统计表来进行呈现。

大数据不仅包括传统统计学中的结构化数据,更多的是半结构化数据、非结构化数据,甚至是异构数据。可以将各种存储介质中的信息、信号都视作大数据。如通过网络爬虫获取的微信新闻文本数据可以运用文本挖掘来分析出比传统统计学更多、更有价值的信息。

5.1.2.3 搜集概念的扩展

传统统计学中的数据分为一手数据和二手数据(统计图或统计表)。前者是通过统计设计、统计调查所获取的数据;后者是经过整理可以直接进行分析的数据。但无论哪种类型的数据都是由调查主体经过统计设计、调查、整理得到的数据,需要根据研究目的和研究任务设计各种方案(调查方案、整理方案和分析方案),并且全过程严格把控来实施完成。这一过程是成本较高且效率相对低下的数据搜集过程。

大数据的搜集需要三个步骤:先进行数据预处理,即数据清洗(识别与整理);再进行数据分析,从繁冗的数据中根据研究目的筛选出相关性较高且兼具价值的数据;最后进行数据存储。由于是网络数据,这一系列过程并不需要耗费太多的成本,但仍需要确定分析节点,从而明确哪些数据是有价值的,哪些是冗余的。同时大数据还存在数据安全问题。

5.1.2.4 数据来源的不同

传统统计学中的数据无论是直接调查获取的一手数据还是借用整理后的二手数据,其共同的来源都是实地调查,区别仅仅是调查主体是否为数据需求者。由此很容易对数据进行事前安排、事中控制以及事后核对。

而大数据由于大部分数据源自网络,无法做到事前安排,也很难做到事中控制,且数据很多时候是发散的,更不可能进行事后核对。因而大数据时代,数据爆炸带来的必然是"冗余爆炸",提高数据质量需要更多更精准的数据搜集方法。

5.1.2.5　量化方式的变化

传统统计中的数据是结构化的数据,对其进行量化的方法已经很成熟。而大数据多为半结构化、非结构化数据,对其进行量化还存在技术瓶颈。目前将半结构化及非结构化数据进行量化或者是转化为结构化数据是一个非常重要的研究领域。

5.1.2.6　分析思维的改变

笔者从统计分析、实证分析、推断分析三个方面论述大数据时代传统统计学分析思维的改变。

传统统计学中的数据分析思路为从定性到定量再到定性。当然这是一个螺旋式的上升过程,不是简单定性分析的反复。思维过程是假设—验证,即先根据先验知识提出假设,再通过分析数据进行验证,即纯实证分析。其推断过程需要通过对样本进行分析得出样本特征,进而依据概率论推断总体特征。

大数据分析的思路是从定量到定性。先找到定量的回应,再从其中找到有价值的数据,进行分析,从而做决策。思维过程是发现—总结,需要在繁杂的数据中挖掘出相关关系、寻求规律,再加以总结形成结论。由于大数据所搜集的数据即为总体数据,分析结果即为总体的结果,因而不需要进行统计推断。

传统统计学主要运用归纳法,这一方法依然是大数据分析的主要方法,大数据分析仍然要通过个体的特征归纳出总体的特征。但对异常值(outlier)的分析和研究往往更具深意,运用的是演绎法,演绎法可以防止研究中忽略某些重要细小的特征。在大数据分析中将会产生更大的深挖潜力,可根据已有的分布特征和相关知识经验去进行深度挖掘,可能会得到全新的预测或结论。归纳法和演绎法的有机结合,将帮助我们从大数据的偶然性中发现必然性,并运用全面数据的必然性去观察认识甚至利用偶然性,从而探索偶然性背后的规律和逻辑。

5.1.2.7　统计软件的增多

传统统计学需要运用统计软件建立模型进行分析。常用的统计软件有很多,依据是否需要编程可分为两类:一是具备可视化菜单操作的软件,如SPSS、EXCEL,这些软件也兼具编程功能,但相对而言,菜单操作功能更强大;另一类是编程软件,需要具备一定的计算机语言知识,如 R、EVIEWS、SAS、STATA、MATLAB 等。

5.1.3 大数据时代统计学课程改革的方向

《统计学》作为经济管理类专业学生的专业必修课,各大高校和学者都在探索研究改革的方式和策略。东北财经大学的崔瑛[126]认为在高等财经院校(系)非统计专业应开设"国民经济统计学",其中包括统计基本知识和国民经济统计两部分。惠琦娜[127]认为将统计思维能力的培养作为今后统计专业教育的重点,才能真正实现统计教育的可持续发展和统计市场供给和需求的长期平衡。王德劲[128]认为将统计学教学内容进行"模块"设计,针对各专业需求,选择不同统计"模块",充分调动统计学教师、各专业教师和学生的积极性和能动性,使统计学知识和方法教学与各专业实际分析和解决问题紧密结合。白日荣[129]等认为统计学改革应侧重统计思想的传递与挖掘,多组织学生进行实践、实验活动,让学生在应用中学习。游传新[130]同样对教学内容进行模块设计,并提出了课程考核方式的改革。周国富[131]则是通过问卷调查的方式了解学生对统计学教学过程的意见和建议。段敏芳[132]等认为建立与市场经济机制相适应的统计学教学体制,增加软件教学,利用多媒体等进行教案编写。

《统计学》课程主要内容有:统计概述、统计调查、统计整理、抽样推断、参数估计、假设检验、时间数列、统计指数、相关与回归分析。就目前的教学状况看,针对非统计专业开设的《统计学》及相关课程的教学在教学内容、授课方式、教学手段和教材选用等方面都应该进行改革。

5.1.3.1 教学内容的应用导向型变革

经典《统计学》课程内容仅涵盖最基本的描述性统计,对于数据分析实践中所必需的推断统计很少谈及。无论是统计学的哪个模块,都应该以应用为导向将内容呈体系地重新整合。

统计调查部分。学生在理解普查和非全面调查方法的基础上,基本可以依据给定的项目选择适当的方法。但统计调查绝不是单一的选择调查方法就可以搜集到数据,还涉及统计方案的撰写,在调查阶段有调查方案,在整理阶段有整理方案,分析阶段相应也需要分析方案。这些方案的撰写和设计不是在调查事后确定的,相反,为了不偏离研究任务和研究目标,在事前就要制定很完备的方案。尤其是调查方案中的问卷设计,是整个调查方案中最核心的部分,但目前的教学中只能纸上谈兵,给定项目或自选项目设计一份无法确定是否具有可行性和价值的问卷。想要打破这一局面,切实提高学生的应用能力,就需要学生在实践和应用中找到问卷设计的核心和要领。

统计整理部分。学生掌握的最多的是给定分组标志,从而进行统计分组,绘制简单的直方图和折线图。但不以应用为导向的学习必然造成的结果是无法根据项目的研究任务和研究目标自主地选取恰当的标志,从而挖掘出有价值的信息。

统计分析部分。统计学中诸如抽样分布、参数估计、假设检验、方差分析等内容是理解统计分析的关键,然而这部分内容在多数高校里是放在《概率论与数理统计》课程中讲解的,更多是从复杂的数理推导角度进行诠释。统计学原理课程因内容上的重合,一般不会再次讲解。然而从抽象的数理推导过渡到运用还存在巨大的鸿沟。这个桥梁就是把什么时候用、怎么用分析透彻。至于回归分析和时间数列等数据分析就更无从谈及,学生仅限于理解方法本身,甚至很多学生连基本的数据类型和数据结构都不清楚。

5.1.3.2　教学方法的问题导向型变革

改变传统的"老师讲、学生听"的授课方式,根据课程内容设计增加案例和讨论的互动教学方式。教材大多都选用的是理论性很强、但缺乏如何应用内容的教材。可从多种教材中博采众长,汲取精华,适时编写适用于应用型本科非统计专业使用的教材,提高学生对于新知识的求知欲,在合理引导其学会经典统计方法的同时,根据大数据发展的最新形势,运用恰当的方法对数据进行搜集、整理、分析。

5.1.3.3　教学手段的实践导向型变革

应当从实践角度出发培养学生的基本软件操作能力。统计学的软件较多,如可视化的 SPSS、EXCELR;程序化的 EVIEWS、SAS、STATA、MAT-LAB 等,本科阶段至少应该掌握 SPSS 和 STATA。能够依托项目搜集数据,分析数据类型和结构,选取恰当的分析方法做数据分析。

5.1.4　研究不足与展望

本文是基于应用型本科院校开设的《统计学原理》课程改革所做出的研究,选取的是统计学专业在全国排名前列的高校作为样板,在应用型高校的适用性上做出一定的调整,对应用型高校有一定的借鉴价值。而应用型高校无论是在教学模式上、还是在师资力量和教学资源上都存在不足,但改革方向可以实现教学相长的局面。以问题、应用、实践为导向的应用统计学课程,在教学内容、教学方法、教学手段上都存在本质上的革新,只有这样才能让学生真正学好统计,运用统计在本职工作岗位上、在未来的学术生涯里走得更远。

5.2 基于知识管理视域下的数据分析策略研究

5.2.1 前言

随着大数据和人工智能时代的到来,人们对数据的关注度越来越高,大到国家政府,小到企业个人,每个人都身处这个深刻变革的数据时代,无论主动还是被动参与,都被充斥着的数据影响着、改变着。作为肩负国家专业人才培养责任的高校和教师,紧跟时代新型教育理念,摆脱传统桎梏,探索顺应新形势的创新型专业人才是值得探讨和研究的新课题。

创新型专业人才的一门必修课就是数据分析,通过海量数据找到其隐藏在背后的逻辑,从而指导生产生活。而数据分析作为经济管理类专业的平台基础课,对学生分析问题、解决问题能力的提升至关重要。本文在知识管理视域下对数据分析知识进行管理,从而探索具有可行性的实施路径。

5.2.1.1 知识管理的内涵及管理模式

20 世纪 80 年代末期,知识资产作为推动经济增长的要素,以其边际报酬递增的特性备受专家学者的关注。最初知识管理这一概念主要应用于企业组织,然而在经济快速发展的今天,随着云计算、大数据技术、人工智能的应用,在数据爆炸、信息爆炸的时代,如何在数据中厘清背后的逻辑,挖掘出有价值的信息显得至关重要。

关于知识管理的概念很多专家学者都做出了界定,Jeremy Galbreath 将教育领域的知识管理界定为运用技术工具和程序处理数字化存储的领域内的知识,通过网络使更多受众获得知识和经验的过程。笔者认为知识管理的内涵分为广义和狭义两种。广义的知识管理是指知识经济背景下思想和方法管理的总称。狭义的知识管理是指对知识及其作用的管理。本文是在狭义的知识管理概念下所进行的研究。

1995 年,日本知识管理领域的著名学者野中郁次郎(Ikujiro Nonaka)在其著作《The Knowledge-Creating Company》中提出 SECI 模型(图 5-1),

主要研究个人和组织知识的转化模式,将知识划分为显性知识和隐性知识
两种类型。

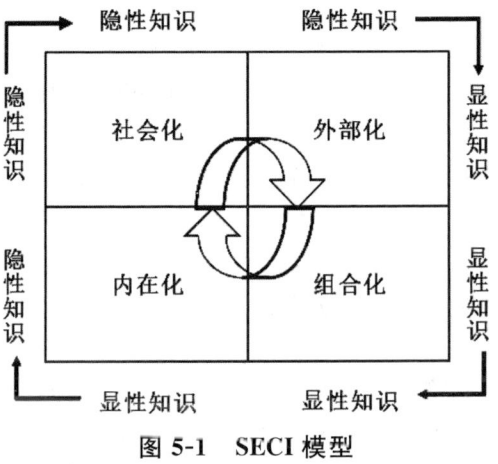

图 5-1　SECI 模型

社会化(socialization)是可以将一种隐性知识通过观察、模仿等共享方
式转化为另一种隐性知识。外化(externalization)是可以通过隐喻、类比、
概念和模型等方式将隐性知识向显性知识转化。组合化(combination)
可以通过语言、数字等符号将一种显性知识转化为另一种显性知识。内
化(internalization)是可以通过体验、体会等方式将显性知识转化为隐性
知识。

5.2.1.2　研究现状

在知识管理视域内学科知识的管理研究中,陈悦[133,134]对知识图谱这
一知识管理工具的理论和应用进行了详细的综述。鲍玮[135]认为教学过程
中知识转化从单一闭环到多级闭环呈螺旋递进的发展状态,这一模式能
实现知识管理的机制创新。赵伯艳等[136]运用 SECI 模型研究了专业人才
的培养途径。胡艳艳等[137]认为通过显性知识与隐性知识的循环转化来实
现知识的进阶性学习。廖先玲等[138]将知识流动与知识获取、知识传导、知
识吸收以及知识应用整合起来可以更高效地利用各种知识资源。Jeffrey
Johannes Austen Bongku[139]运用实证分析方法探索印度尼西亚咨询公司
有效的知识管理系统。樊治平等[140]从知识共享的视角对知识管理从经济
性、对象、主体以及手段四个方面进行了研究。方刚[141]等建立了跨组织知
识转化的 SECI 拓展模型,从产学研协同角度进行了研究,认为知识互补
性、吸收能力与协同转化行为正相关,知识转化平台的占用与参与积极性负

相关。

5.2.1.3 研究评述及研究路线

专家学者在不同的学科领域里运用知识管理工具对个人、组织的知识进行了研究。知识管理方法归结起来主要有 SECI 模型和社会网络分析两种,其他都是基于此两种模型做出部分改进。本文以问题为导向,按照"现状—问题—对策"的研究技术路线,建立数据分析知识管理模型(SECI)来实施研究。

5.2.2 数据分析知识系统

数据分析是一种综合分析问题的能力,需要跨学科的理论知识背景作为依托,运用统计分析工具对不同学科领域内的学术前沿问题进行分析和研究。

以经济管理类专业为例,数据分析知识系统(图 5-2)由理论基础、工具基础、目标实现三大部分构成。其中理论基础部分包括数理基础和统计基础两个部分。数理基础主要指高等数学、高等代数、概率论与数理统计以及统计学原理;统计基础包括市场调查与预测、应用多元统计、管理学研究方法以及计量经济学。

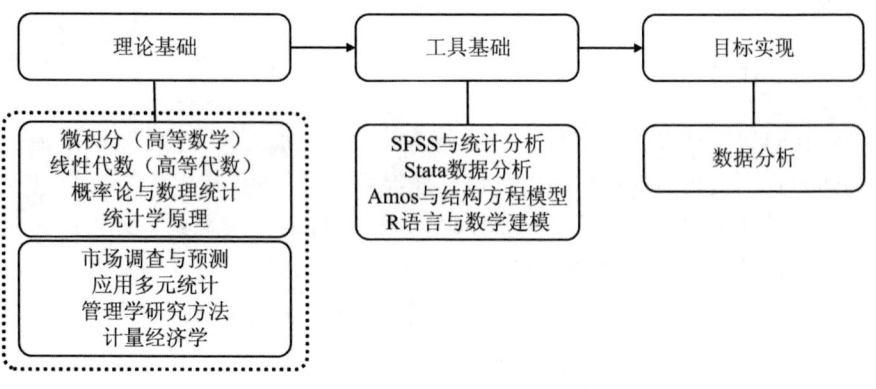

图 5-2 数据分析知识系统

统计分析的工具有很多,常见的有可视化的软件 SPSS、Amos 以及程序化的软件 Stata、R、SAS、Matlab、Python 等。其中 SPSS 可以做简单的描述统计分析,但推断统计学并不推荐。Amos 是管理学常用的分析软件,主要用于潜变量、路径分析及结构方程模型(SEM)的分析。Stata 和 SAS

都可以做计量分析,但 Stata 的界面更友好,语言更容易学习。Matlab 主要用于线性规划问题的研究。R 和 Python 都可以做大数据分析,但 R 更具竞争力,其开源代码和可及性(免费使用)是 Python 所不能及的,其兼容性更是其他软件所不具备的。当然,这里并不需要把所有软件工具都学会,而是根据自身计算机语言水平来选择其中的一种或两种来学习。

在具备了一定的理论知识后,学习 1～2 个分析工具,再将两者有机结合起来即可实现数据分析的目标。

5.2.3　数据分析知识管理模型

基于 SECI 模型在数据分析知识管理情境下建立知识管理模型如图 5-3 所示,将抽象的隐性知识内化为个人的隐性知识需要经历四个阶段。首先是将数据分析相关理论组织的隐性知识通过课前预习这种社会化方式转化为个体的隐性知识,学生从中可以获取知识的大致理论框架。课前预习这种课前预置活动可以是案例操作过程的演示;在转化为个体隐性知识后,通过课堂讲授、讨论和答疑活动等外部化方式进一步转化为显性知识;但外部化的显性知识往往很难识记且彼此间无法形成有效联结,从而内化为个人显性知识,因而还需要总结归纳等组合化方式将零散的知识重新排列组合形成科学、条理、系统化的显性知识;最后可以通过课后的后置作业进行练习和模拟实践内化为个人的隐性知识。

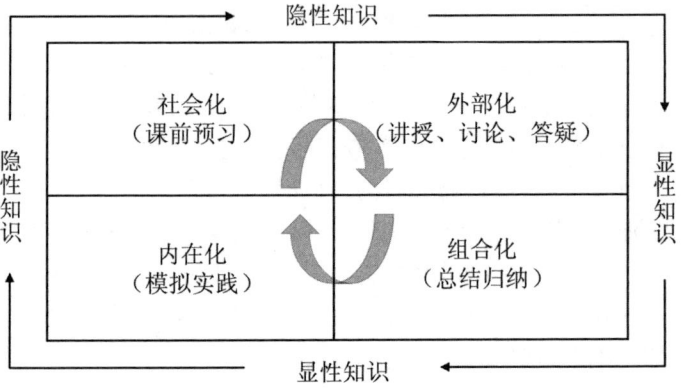

图 5-3　数据分析知识管理模型

5.2.4　结论与展望

5.2.4.1　主要结论

1. 教学理念

经济管理类专业的学生有很大一部分为文科生,而数据分析属于侧重逻辑推理的偏理科的课程。很多同学存在思想上的畏难情绪。然而数理相关的很多课程俨然已经成为学生继续深造的一大短板。学生尚需认清形势,花大力气、下大功夫攻克难关。

那么首先在教学过程中应当明确课程性质。数据分析类课程和数学最大的区别就是数学是抽象的,数据分析是具体的。数据分析没有一个理论是高屋建瓴、脱离实际的空谈,都是基于现实需求、应用广泛的理论。达成这一共识对缓解学生的学习压力颇有助益。

其次在案例选择上要尽可能贴近现实,对经济社会发展过程中的主要指标、重要数据进行解读。选择与学生学习生活相关度高的案例,从而拉近统计与学生的距离。至少让学生在纷杂的数据中具备甄别能力,哪些是有所偏颇的数据,哪些是由于没有理解、理顺数据分析原理的逻辑而造成的误读。

最后增强学生的参与感,诸如将问卷设计、调查方案撰写等内容设置为实践讨论课,通过讨论这种外部化方式获取的信息往往比课堂讲授更容易识记和接受,当然数据分析类课程中并不是所有内容都适用于此种方式。还可以在条件成熟的情况下,让学生参与市统计局、调查队的实际工作中,甚至可以让学生参与到国家人口普查、经济普查、固定资产投资等重大项目的调查中。事实上,在统计局实习的一段时间里,发现很多项目都是委托高校的学生来做,一方面理论联系实际,给学生提供了了解我们国家经济形势的渠道,另一方面高校学生自身的能力完全可以胜任一些简单的工作。通过这种实践内在化方式,可以大大提升学生的学习兴趣,同时对将知识转化为个体隐性知识助益良多。

2. 教学方法

教学有法,教无定法。通过教学经验的积累和不断的反思形成自己独特的教学风格。

在课堂讲授过程中要结合启发式提问的教学模式。让学生善于思考、学会思考,而不是抛出问题后不假思索地将答案告诉学生。学生只有经过思考才能真正做到理解原理,而不是记住原理。

设置实践讨论课。通过"干中学"(learning by doing)实现理论知识的内化。在把重点难点内容梳理讲解完毕后,布置课后工作内容,以备在讨论课上进行讨论。

3. 教学过程

为学生建立知识体系。学生对于专业的理解和学习都是零散的知识点,让学生独自从这些零散的点中理顺逻辑是十分困难的事。这就需要教师对学科有深入且完整的理解和把握,无论是讲一个很小的知识点还是站在更高的高度把每个知识点归纳整合到系统的主线上,教师都应做到游刃有余,收放自如。

授之以鱼不如授之以渔。文科生在面对复杂的公式时第一反应就是怎么才能识记。事实上,公式不是用来记的,是用来推的。需要学生理顺逻辑,学会推导的思路。否则即便是符号的一个小的变动,都足以让学生下功夫记很多天,且多为瞬时记忆。只有在千变万化的公式中找到突破口才能实现公式的灵活掌握。这一点实质上也是迁移能力的体现。

5.2.4.2　不足与展望

由于课程设置以及课时的限制和约束,很多改革的想法有待进一步实践考验。未来在教学方法中应用翻转课堂。这种教学方法的创新不仅是以学生为中心,以教师为主导理念的体现,也是调动学生学习积极性,提升学生学习能力的有效的方法。让数据说话,拨开重重迷雾,透过现象看本质,也许这就是数据魅力之所在。道阻且长,行则将至。

5.3　"课程思政"融合教育理念下统计学类课程教学设计及实施方案

爱因斯坦说"一个人对社会的价值,首先取决于他的感情、思想和行动对增进人类利益有多大的作用"。不论是在自然科学领域,还是社会科学领域,对社会发展做出重大贡献的伟人们,思想上都具有独到理解和建树,思想理论的获取和创建,并不是独立于各种社会实践活动之外的,而是源自实践,并为之服务的。

习近平总书记在全国高校思想政治工作会议上强调,"要用好课堂教学这个主渠道……其他各门课都要守好一段渠、种好责任田,使各类课程与思想政治理论课同向同行,形成协同效应",这对专业课程发挥育人功能提出了明确要求。

将思想政治教育融入专业课程教学中,在对学生进行专业知识教育的同时,对学生进行思想政治教育,培养德才兼备的人才,是以"立德树人"为根本任务的高等教育的基本要求,是新时代中国特色社会主义高等教育的办学方向。

我们都身处这个数据飞速变化的时代,无论情愿与否,都无法逃脱。统计学作为经济管理类专业的平台基础课,对学生分析问题、解决问题能力的提升至关重要。新的数据处理和分析技术更加速了社会对数据搜集、整理、分析全阶段的需求。

5.3.1 统计学类课程体系及课程思政融合的技术路线

5.3.1.1 统计学类课程体系

统计学类的课程教学不是《统计学原理》一门课程的教学,而是一套兼具理论基础、实践基础从而实现数据分析目标的科学化、系统化的课程体系。课程体系里的教学工作都是彼此关联度高且相互影响、相互制约、理论实践紧密结合、逐层深入的环节。课程思政要素的融合基础较为坚实。

5.3.1.2 课程思政融合的技术路线

第一阶段,挖掘并完成统计学原理(或应用统计学)等专业基础课的课程思政要素(见表5-1)。

表5-1 课程思政融合要素

章节名称	授课时数	教学方式	课程思政元素
第一章 绪论	4	讲授、讨论式	统计学在社会主义国家的发展历程
第二章 统计调查与整理	8	讲授、案例式	统计数据的造假问题;国家统计局的统计调查项目;统计调查问卷设计实践讨论课——选题的导向性;国家统计数据的搜集;

续表

章节名称	授课时数	教学方式	课程思政元素
第三章(1) 总量指标和相对指标	4	讲授、讨论式	国民经济问题研究中统计指标体系构建
第三章(2) 平均指标	6	讲授、案例式	
第三章(3) 标志变异指标	2	讲授、讨论式	
第四章　动态数列	12	讲授、问题式	应用导向的数据结构的认识;国家统计局官方数据及相关指标的解读
第五章　统计指数	12	讲授、讨论式	国家统计局相关统计指数的构成及数据解读;居民消费价格指数(CPI)的编制及应用
第六章　抽样调查	4	讲授	
第七章　相关与回归分析	4	讲授	
合计	56		

第二阶段,基于课程思政融合视角建立以应用为导向的数据分析观(市场调查与预测、计量经济学、管理学研究方法等课程);

第三阶段,实践类课程的思政要素挖掘(SPSS、STATA、AMOS、R 等软件实操课程)。

5.3.2　课程思政的实施路径

5.3.2.1　培养法治思维

加强大学生的法治教育,促进其法治思维的养成是高校法治教育的重要使命。统计学课程中渗透着法治思维培育的要求。如在讲授统计的内涵时,会涉及《统计法》的宣介,在讲授数据的采集方式时,需要讲明我国现行的报表制度;在数据信息采集和调查时,强调要尊重被调查者。在大数据时代尤其要关注数据来源的合法性,保护用户数据的安全性等。统计过程中的行为合规不仅依靠个人自我约束,更是法律的刚性要求。

在课程的讲授中，需要让学生明白统计过程中某些看似微小的不当行为就可能触犯民法、经济法甚至刑法。如《统计法》中第六章第 41 条规定，作为统计调查对象的国家机关、企业事业单位或者其他组织有提供不真实或者不完整的统计资料等行为，由县级以上人民政府统计机构责令改正，给予警告，可以予以通报；其直接负责的主管人员和其他直接责任人员属于国家工作人员的，由任免机关或者监察机关依法给予处分。显然，统计学课程的学习能够促进学生法治思维的培育和能力提升。

5.3.2.2　提升道德素养

对统计人员来说，我国对其应遵守的职业道德有明确的要求，核心是"实事求是，不作假数"。统计分析得出的结论是建立在正确的信息这一基础上的。然而在现实工作中，相关工作人员受多元化利益的驱动，导致统计信息编制不规范，统计信息失真甚至是弄虚作假的情形，这首先是职业道德的缺失。在学生学习统计调查部分、数据整理和编制、在实践练习遇到大量的数据的时候，教师都要提醒学生在开展与统计相关的工作时，如质量管理统计、环境统计、国民经济核算等，不仅要依赖法律的规定，也需要道德的约束。在统计活动中，从业者一定要坚守本心、诚实守信，坚持规范数据采集、审核、整理、上报等行为。如果不具有很好的道德修养，就算业务水平再高，也不能保证统计数据的真实可信。

5.3.2.3　强化社会责任感

统计学所研究的数据可能来自任何学科领域，抽象数据是符号化、数学化的，但是数据背后的领域是广阔的，可能是经济问题，也可能是社会、政治、文化、生态问题。作为高素质的社会主义建设者和接班人，大学生需要主动运用专业统计知识，去分析社会热点问题，揭示特殊现象，反映群众心声。如在不限主题的统计调查作业中，有学生调查居民对雾霾天气的看法、市民出行闯红灯的问题、公私立幼儿园的满意度问题、大学生对网络贷、直播、网购等态度问题，教师更要提醒和引导学生带着社会责任感去关注数据背后的故事。在微信朋友圈、微博、QQ 群畅通互联的今天，经常有看似有理，实则用非正常样本代替总体推断的负能量文章在传播，更需要学生牢固树立"三观"，认清善恶、辨明是非。要引导大学生通过案例分析，深切意识到自己有责任也有能力运用专业知识对观点偏颇、统计滥用的现象进行科学分析，找出其问题所在，厘清错误，传播正能量。

5.3.2.4　激发爱国情怀

从发展历史来看,统计学最初源自国情调查。国家管理中需要收集和分析各种数据,比如对人口、土地、国民收入、各种税收的收入等。显然,数据见证历史,通过统计分析,我们能发现和见证我们国家发展的辉煌成就。例如,在新中国成立 60 周年国家统计局的系列报告中,十九大召开时各类事关民生的专题调查、全景展示等中,通过统计公报、国民经济宏观数据分析、市民生活水平调查数据、空气质量污染数据变化等,大学生看到了在中国共产党领导下我们国家发生的巨大变化,感受到了实现"中国梦"的进程中的砥砺奋进的成果。统计分析的背后,不仅仅帮助我们认知世界,还教会我们去理解社会,指明我们努力的方向。

5.3.3　教学展望

作为专业课程教学的实施者,高校专业教师必须深刻认识教育本质和育人的终极目的,充分挖掘专业课程所具有的隐性教育资源,积极主动进行专业课程思政改革。统计学的学科特征决定了学生能够利用课程学习到的知识和技能,分析理解相关的文化、政治和社会背景。

未来在教学方法中应用翻转课堂,这种教学方法的创新不仅是以学生为中心,以教师为主导理念的体现,也是调动学生学习积极性,提升学生学习能力有效的方法。

让数据说话,拨开重重迷雾,透过现象看本质,也许这就是数据的魅力所在。道阻且长,行则将至。笔者和学生将继续努力,共同成长。

5.4　大学生创新创业精神的培养

创业的本质在于创新,而创新则需要突破。从本质上讲,创业精神的培养就是要在培育创新型人才上下功夫。大学生是步入社会,并在社会中发挥中坚力量的一个关键群体,他们是引领经济社会发展的主要因素。因此,只有提前介入,帮助大学生树立创新意识、提高创新能力,使其在步入社会后具备应有的创业精神,拥有自主创业、走向社会的本钱,才是当前社会迫切需要解决的问题。本文以现阶段大学生创业中的价值取向作为切入点,试图找到大学生创业精神培养过程中存在的问题,从而研究出大学生创业精神培养方案,进而提高大学生创业积极性,以助于提高大学生创业的成功率。

2014年9月,李克强总理在达沃斯论坛上首次提出"大众创业、万众创新"理念,即"要在960万平方公里土地上掀起'大众创业''草根创业'的新浪潮,形成'万众创新''人人创新'的新势态"。然后,在2015年政府工作报告中提出"要推动大众创业、万众创新,'既可以扩大就业、增加居民收入,又有利于促进社会纵向流动和公平正义'"。同时,在创业创新文化方面指出"让人们在创造财富的过程中,更好地实现精神追求和自身价值"。

对于每一个大学生,创业也许需要更多客观条件的外部支撑,尤其是在校期间,学业才是第一要务,学生不具备外出创业的条件,但创业教育却刻不容缓,因为其中所蕴含的创业创新精神在每一个人的学习上、工作中、生活里都起着至关重要的作用,这种精神俨然已经渗透到每个角落,成为一种人生态度,对于大学生这个年轻的群体而言更是如此。作为高校教师更是对这种教育具有不可懈怠的责任和义务。

5.4.1　创业精神的相关概念

创业[142]是指创业者通过发现商机,并通过建立企业整合资源以持续实现潜在商业价值的过程。创业活动的过程充满风险和挑战,成功创业需要经验、技能和一定的外部环境与机遇,但创业精神是支撑创业者走向成功企业家的必要条件。

创业精神[143]就是不局限于当前已有的资源,并追求无限商机的精神,即通过创新捕捉创业机会、创造创业资源的意识和行为。创业过程的每一个环节无不渗透着创业精神。

目前理论界对大学生创业精神这一概念的阐述尚无定论。笔者认为可以借用五组成语将其概括为:艰苦奋斗、自强不息;善于学习、勤于实践;抓住机遇、拼搏进取;实事求是、敢于冒险;追求卓越、永不止步。

5.4.2　大学生创业精神培养的重要性

第一,培养大学生创业精神是经济社会发展的需要。

当前,我国处于经济社会快速发展的重要阶段,随着市场化和全球化进程的推进,人们的生产资源、生产关系、价值观、生活方式都在发生着日新月异的变革,市场对人才的需求也发生着变化。创新已经成为新的生产要素,为经济社会的发展提供了不竭动力。一个成功的创业者势必是一个勇于创新的引领者。另外,面对严峻的就业压力形势,创业是拓展就业渠道的有力途径,通过技术创新和科研成果转化,创造更多的社会财富,推动经济发展,实现经济社会发展与就业矛盾的良性互通。因此,培育大学生的创业精神,树立良好的创业观念和状态,对社会的发展具有重要意义。

第二,培养大学生创业精神是创新型人才培养的必然要求[144]。

创业精神的内核就是创新,管理学家德克鲁[美]认为:"创业就是要标新立异,打破已有的秩序,按照新的要求重新组织。"正因为固化的思维、不变的发展会将人类创造的价值慢慢趋于老化、僵死,所以社会的发展需要创新,也就是需要通过不间断的成功创业案例,带动社会价值的创造。同时,要将创业精神、成功创业、创新成果等一系列的流程进行固化,使其成为维持我们经济社会发展不可或缺的活动。创业活动的开拓性决定了创业精神的核心,因为创业本质上就是一种创造活动,它是对现实的一种超越。因此,创业就是创新的过程,创新就需要在过程中实现新突破,创新型人才的培养过程就是创业精神的培养过程。

第三,培养大学生创业精神是挖掘大学生潜力,发挥作用的保证[145]。

要成为一名具有较强环境适应能力的大学生,首先要在创业精神培养上下功夫,使其在人与环境的互动过程中,具有前瞻性的思维与眼光,能够准确地做出预测与判断,及时调整目标和方案,保持与环境变化的协调统一,而不是消极的观望和等待。面对知识技术的更新、职业岗位转换、人际关系的变化,具有良好的自我调节能力是处理复杂问题,融入复杂环境的必要条件,而自我调节能力培养最有效的方式,莫过于创业精神的培养,只有这样才能与时俱进,挖掘出个人潜能,从而在事业上更加成功。

5.4.3　大学生创业精神培养的现状及问题

高校特别是应用型本科院校,办学的特色和教学质量提高的重要标志之一就是对培养创业精神的成果评价。① 我国高等教育在 2002 年进入大众化阶段(毛入学率为 15%);在 2005 年成为高等教育大国(毛入学率达 23%)。但在高等教育的人才培养能力、科技创新能力等方面,与世界高等教育强国还存在很大差距。

应用型本科院校承担着国家生产一线人才的培养任务,教师团队的业务能力和教学水平要过硬。首先,能为地方的生产、建设、管理、服务培养大量的优秀高级应用型人才,从而更好地服务于地方经济发展;其次,能为地方发展中存在的问题提供解决途径;最后,要为地方专业技术人才继续教

---

① 数据源自教育部 1998—2005 年全国教育事业发展统计公报。

育、终身教育提供教育培训基地。由于应用型本科院校与实践结合较为密切,使其在教学方面更应该积极探索创业精神的培养途径和方法。

以山西大同大学在校生为调查对象,笔者做了有关创业态度的问卷调查。本次问卷调查共发放问卷 1000 份,回收有效问卷 896 份。其中23.05% 为大一学生,24.52% 为大二学生,27.85% 为大三学生,24.58% 为大四学生,分布基本均匀;58.21% 为女生,41.79% 为男生;独生子女占78.53%,非独生子女占 21.47%。

5.4.3.1 学生普遍热衷创业,但对其知之甚少

调查结果显示,毕业后,选择先就业再创业的学生比例分别为 58.01%和 89.22%;大一、大二学生选择直接参加工作的较多,(大一学生占85.30%,大二学生占 77.18%);大三、大四学生选择自主创业的学生比例分别为 69.79% 和 72.18%。有 92.16% 的学生表示对创业感兴趣,其中很感兴趣的学生占 37.17%。有 79.05% 的学生表示支持大学生自主创业,其中非常支持的学生占 41.38%。从创业意图上看,91.21% 的学生因为就业形势严峻而进行创业;其次是考虑创业可以保证时间,相对更自由;再次是自我价值的实现;然后是出于对成功人士的崇拜;最后仅有 5.42% 的学生认为创业很时髦,只是盲从跟风。这表明大一、大二学生由于刚入学,对两三年后的毕业去向并没有很好的判断和规划。然而这部分学生因其时间优势和较强的可塑性,才恰恰是创业创新的主力军。高校还有两到三年的时间对其进行在校教育和培训。而即将毕业的大三、大四学生相对较为理性,他们更了解当前的就业状况,面对就业压力,他们认为自主创业不失为一个就业的新途径和渠道。创业意识清晰、兴趣浓厚、意志坚定、创业可能性更大。学生对于创业的理解和认识相对较少,仅 23.71% 的学生表示了解,很熟悉的仅占 7.52%。

5.4.3.2 部分学生认同结合所学专业创业

认为所学的专业知识对创业有用(包括很有用和有用)的仅为67.11%,且认为有用的学生中 92.15% 为会计、医学、教育等专业。仅有52.09% 的学生打算利用自己的专业进行创业。

5.4.3.3 对创业的认识停留在表面,实践经验贫乏

调查发现,在读书期间仅 20.11% 的学生表示有过打工经验,但都是集中在家教、餐厅洗碗工等行业。调查的学生中,有 47.70% 的学生家里有创业的亲戚朋友,而从家人的创业经历中能够得到一些经验的学生仅占

63.20%。当问及是否接受过专业的创业教育培训时,77.68%的学生表示没有,也仅有20.51%的学生表示听说过该类培训。84.34%的学生认为大学有必要(包括很有必要和有必要)开设创业相关课程。数据显示,对大学生创业类的教育和培训实为缺失,应在教学工作中予以倾斜和加强。对于接触过创业的学生,应进行良性引导,让其更为关注创业,使其具备了解创业机会的方法和技巧能力,从而用于自己的创业实践活动中。而对于没有接触过创业的学生更应合理安排相关的教学和培训,润物细无声,让其深刻感受创业魅力、树立创业意识。

5.4.3.4　对创业核心信息获取渠道不畅,急需开设创业相关课程填补空白

在具体的创业实践活动中,创业计划书是一份让投资商进一步对企业或项目做出评判的依据,从而使投资商对企业或项目进行认可,并实现为企业获得融资的目标。然而认识到创业计划书重要性的学生仅占38.57%。

创业资源是企业创建以及发展过程中所必需的各种生产要素和支撑条件,也就是创业者所具备的创业条件。根据其重要程度可划分为人力资源、财务资源、技术资源、物质资源和社会资源等方面。调查结果显示,96.54%的学生认为财务资源很重要,87.93%选择了人力资源,72.15%选择了物质资源,21.66%选择了社会资源,仅有13.27%选择了技术资源。由此可见,当代大学生对创业过程中的技术资源了解甚少。就其现有资源而言,86.79%的学生认为创业团队中具备人力资源。但他们所认知的人力资源和创业过程中需要的人力资源相距甚远。85.01%的学生认为创业团队具备行政人员,84.37%的学生认为具备销售人员,73.67%的学生认为具备财务人员,而技术人员和公关人员相对较少,其他资源尤其是财务资源相对匮乏。在创业过程中的自有资本虽然重要,但融资更是资金不可或缺的组成内容。创业融资渠道来自向亲朋好友融资的占69.50%,而其他类似商业贷款、风险投资、地方性优惠政策、科技创新基金基本没有,由此可以看出,大学生对现行的国家政策以及市场风险投资了解不多,因此,高校应加大该类知识的普及力度。

5.4.3.5　盲目乐观,创业风险意识薄弱

创业成功与否,不单单需要发现识别并抓住创业机会,同时还要认识到其中存在的各类风险。所谓的机会与风险并存,有很大意义上是指创业,特别是在当前,国家为了鼓励创业,出台了一系列的方针和政策,看似机遇无处不在,但同样的风险也随之而来。在某种意义上可以认为,创业的最终成

败,关键在于是否提前了解,并避免其中存在的风险。然而意识到创业风险的学生只有 37.89%,这就意味着当前大部分学生的风险意识不强,盲目追求创业,对创业失败后的结果没有一个系统的分析。

5.4.3.6　学生渴望获得学校的帮助进行了自主创业

当问及阻碍大学生成功创业的主要内在因素时,90.57%的学生认为社会经验欠缺;90.22%的学生对创业的政策和法规认知不足;81.25%的学生处理事情不够理性,易情绪化;80.72%的学生承受挫折的能力差。当问及创业过程中遇到困难或结果失败,你会如何抉择时,74.61%的学生选择放弃创业;65.78%的学生无所适从;51.83%的学生选择咨询亲友;而选择专业咨询的仅占 5.16%;选择拜访成功人士的更少,仅为 0.19%。当问到如果想创业,希望得到学校哪些帮助时,79.60%的学生希望大学能开展创业实践活动。当问到如果学校或社会可以提供创业帮助和支持时,87.41%的学生表示会选择自主创业。因此,应用型本科大学应从服务社会经济发展的角度出发,对学生推广创业模拟沙盘训练,适时设立大学生创业培训孵化基地,切实帮助学生提升抗压的能力,提高学生学以致用的能力。

5.4.4　创业精神培养途径

教育应该以促进个人的全面发展为目标,培养出世界观、人生观、价值观三观辩证统一,在德、智、体、美、劳等方面综合发展,独立自主、富有辩证分析问题能力的青年大学生。只有这样,才能在人生的不同阶段审时度势,做出正确的该做的事。

第一,搭建学业规划咨询中心和创业信息平台,为大学生提供专业学习的指导意见,在帮助其更好完成学业的同时寻求与市场接轨的路径。

学业规划中心主要针对低年级学生的现实需求,对其进行专业介绍、当前现状、发展前景、市场需求等方面的规划咨询。创业信息平台主要针对高年级学生,他们即将走出校园,投身社会,为他们提供与就业创业相关的最新的方针政策,包括国家、地方政府的创业优惠扶持政策,以及当前的市场动态和未来的市场发展趋势,让其了解该如何具体参与到创业实践中尤为重要。当前,大学生普遍存在的一个亟待解决的问题就是在从中等教育向高等教育过渡的阶段,学生不了解自己所选专业,包括培养目标、培养途径、所选专业在现实市场需求中的价值和作用,更无从谈及未来毕业后该何去何从。学校应该从学生刚踏入大学校门之时起便对其进行学业规划,让其了解专业的重要性和必要性、专业的培养内容、课程结构与课程体系、课程设置(每个年级该掌握哪些专业理论知识)、需要具备哪些相关专业技能和专业资格认证以及未来的发展方向等。到大四快毕业的时候让学生面向市场有针对性地参加一些教育培训,从而更好地与市场接轨,既提升了自己的专业学习能力,又能迎合市场需求,从根本上破解学生毕业后就业难的困境。

第二,加强社会实践,提升创新创业能力。

实践是检验真理的唯一标准。经历四年的学习,学生掌握了一定的专业理论知识,具备较扎实的专业基础后,更重要的就是如何将所学知识在实践中加以应用的问题,即学以致用的能力。这种能力从某种意义上讲已经超越了某个具体知识点的学习和研究,更多是强调站在更高的层面去回顾所学的专业理论知识,了解如何将这些知识与现实结合,从而转化为一种竞争力。具体如何转化,可以基于学校已经建立起来的创业孵化基地,多观察、多思考、勤实践。摒弃青年大学生眼高手低、不切实际的想法,走出校园参加各类实践活动。现在已经有很多院校在学生寒暑假期间,为本校师生提供夏令营、暑期培训班、寒假实训等各种形式的社会实践活动,在学习的同时,提升了实践操作能力,值得借鉴。

第三,校企联合,让企业家进讲堂成为常态。

在开设的创业基础以及创业实践课程中,让企业家进讲堂为学生授课。不仅需要成功的企业家,更需要正在努力奋斗的企业家。让学生了解现实中企业家如何发现创业机会、识别创业机会、评价创业机会、如何开发商业模式、需要哪些创业技能、如何整合创业资源(尤其是吸纳风险投资的内容)、怎么撰写创业计划书等内容。可以根据现实情况,适当地为大学生提供实习的机会。在学校和企业的合作中,寻求大学生创业精神培养的切入点。

第四,树立学生的风险意识,提高成功创业的机率。

无论做什么事,都有风险,可以说风险无处不在,但这绝不是危机四伏,危言耸听。居安思危则有备无患,创业也是如此。创业风险包括两种,其一为可控风险,其二为不可控风险。笔者更强调可控风险的规避,对于不可控风险应加以了解并寻求应对策略。树立风险意识,让大学生了解真实情况,远比让其沉浸在理想中想入非非重要得多。只有在充分了解并意识到风险,才能更好地投身实践活动,全过程规避可控风险,大大提高成功创业的可能性。

后 记

1. 简介

本人系山西大同大学商学院的一名教师,2006 年本科毕业于山西财经大学统计学专业,获经济学学士学位,熟练掌握 spss、Eviews 等统计软件;同时选修经贸英语专业,获文学双学士学位,通过了英语专业八级。2009 年研究生毕业于桂林理工大学统计学专业,获经济学硕士学位,熟练掌握 Matlab、SAS 等统计软件。

2009 年 7 月至 2010 年 3 月在广西统计局做数据分析和报告撰写的工作。2010 年 4 月起在山西大同大学商学院担任教师,期间通过中级统计师资格认证。主要承担《统计学原理》《会计英语》《计量经济学》《管理学研究方法》《创业基础》等多门课程的教学工作。发表学术论文 20 余篇,其中核心论文 3 篇;主持省级重点项目 3 项、校级项目 3 项,参与市级项目 1 项。

2. 寻找新的研究方向

自 2010 年 4 月从事高校教师工作以来,我从见习期到助教,从助教到讲师一步步走来。在科研和教学中都感觉到自己有很多的不足。尤其是科研方面,我一直以来都是在纷杂的经济管理世界中寻找可以量化分析的课题,这就必然造成科研的发散性思维,简单重复的验证性思维并不能创造更多的价值。甚至无法在一个研究方向上做深入、有价值的研究。因为一次偶然的机会,我加入了全校公选课《创业基础》的教学团队,对创新产生了浓厚的兴趣。此时,我也申请了职业生涯中的第一个科研项目——大学生创业瓶颈及对策探究,虽然通过问卷调查了解到一些情况,但也是非常粗浅的。

2017 年,正值商学院"一院一品"工作全面布局和稳步推进的关键期,这也是个人向更高层次发展的瓶颈期。在校领导及院领导的关怀和支持下,本人担任了计量经济学(Econometrics)、结构方程模型(SEM)统计类软件课程群管理研究方法教学团队的负责人。这份工作对我个人而言,既是一种压力,又是助推我继续前行的动力。为不负所托,在院领导的大力协助下,于 2017 年 9 月至 2018 年 8 月,我于西安交通大学进行为期一年的学习和访问,期间撰写并发表了 CSSCI 学术论文 1 篇。

访问结束回到大同大学后,我不断沉淀,终于在访问期间的导师的研究方向上找到了自己的研究课题——大数据产业发展的相关问题。发表核心论文 2 篇,申请省级重点课题 2 项。同时一直致力于教学改革,寻求大数据时代统计学课程的教学变革路径,探索如何将思政融入统计课堂中,秉承"以学生为中心"的教学理念,将教学与科研有机结合起来。个人的科研及研究也是从在西安交通大学访学开始的。访问期间的主要工作是学习和科研,在教学观摩中提升教学能力,在学术交流中提升科研能力。

2.1　课程学习

在西安交通大学跟随张胜教授学习工作的一年里,我收获颇丰。为夯实专业基础,在导师的指导下,我又根据自身情况选修了以下 11 门课程,进行了近 700 个课时的学习。

学院	课程名称
金禾中心	高级微观经济学、高级宏观经济学、计量经济学 1、计量 2-1(金融时间数列)、计量 2-2(大数据)
管理学院	管理学研究方法论、结构方程模型、面板数据与类别数据、市场调查与预测、技术创新
公共管理学院	经济学前沿

我选修了金禾中心的 5 门课程。其中计量 1 是本科阶段的必修课程,但伍德里奇的英文版教材难度较大,其内容深度和广度远甚于本科所学课程,但西安交通大学曾卫红教授作为《计量经济学》这门全国精品课程的主讲人,以其精湛的讲课技巧和丰富的授课内容让我受益匪浅。在这门课程中,本科生、硕士研究生、博士研究生同时上课,对学生的要求较高。

高微、高宏需要高数和高代的基础知识。我时隔 11 年,又对其重新进行了全面的巩固和学习。高微的学习还需要《西方经济学》微观以及范里安的《微观经济学·现代观点》等基础知识。台湾著名经济学专家张国平教授以其独到的见解和全新的视角为学生解读高级微观经济学,让学生对经济学有了更高层面的认识。高宏选用了伯南克的英文教材《宏观经济学》,主要学习了宏观经济学经典理论的详细推导。

计量2分为金融时间数列和大数据两个部分,由中国台湾著名的统计学家周雨田(GARCH模型的创作成员,其论文引用量达几十万之多,在国际具有很高的影响力)和林金龙教授用R软件进行课程讲授,让我的统计软件编程能力有了很大的提升。

所选管理学院的5门课程主要为方法论课程。其中管理学研究方法论由工商管理学科全球知名的终身教授方二讲解。其诙谐幽默的授课风格、对管理类问题独特的视角以及独到的见解让博士研究生的科研之路不再艰辛。

而《结构方程模型》和《面板数据与类别数据》2门课程更是结合实际中的应用将数据结构进行了全面的拆分,完善了统计知识体系。SEM在心理学、管理学等领域的广泛应用俨然已成为很多学科的必修课。SEM又称为潜变量模型,主要由测量模型(验证性因素分析)和结构模型(路径分析)构成,可以进行多变量统计分析。本课程主要借助管理学软件AMOS进行讲解。

《市场调查与分析》是由著名的工商管理教授庄贵军主讲。其对市场调查方法精深的理解以及案例教学法让学生对市场调查产生了浓厚的兴趣。庄教授主要用SPSS进行讲解。

在弋亚群教授的讲解下,我了解了技术商业化的方法和过程,对技术创新有了更深刻的认识和理解。

选修公共管理学院的《经济学前沿》是张胜教授主讲的课程。课程的讲解紧密围绕35篇诺贝尔经济学奖论文展开,主要讲解了经济增长理论,新制度经济理论,市场机制理论,经济学帝国主义:市场机制在政治、社会等领域的扩散渗透和研究方法。

2.2 自主学习

为了更好地理解和学习以上课程内容,我自主巩固学习了高鸿业和尹伯成的《西方经济学》(宏微观)、范里安的《微观经济学·现代观点》《高等数学》(上下)、《高等代数》《统计学》(何晓群的经典教材)以及《应用多元统计》。

2.3 学术研讨

经过向导师的多番请教以及和师门同学的讨论,我将科研的方向暂定为知识控制权。

随同师门的同学进行每周一次的学术研讨,主要是汇报一周的工作以及文献阅读的情况。同学们的主要方向有间接网络效应、信贷配给问题、全设计能力和知识控制权。

2.4　文献阅读

我主要以导师选取的42篇英文创新理论文献为基础,按图索骥找到自己的方向性文献。

Content：growth and sci-tech，learning and sci-tech progress，patterns of sci-technological change，evolution of sci-tech，sci-tech change and technological capabilities，technology integration，standards and sci-tech dominance，intellectual property rights，national innovation systems，sci-tech policy。

但由于时间限制,我仅读了其中的6篇英文文献,未来还会继续阅读。

知识治理文献(26篇)。

研究问题:高校知识治理、高校创新治理能力。

相关理论:治理理论(多元理论、社会成本理论、扩散理论)。

指标:创新能力、扩散能力、支撑能力、协同能力。

2.5　书籍阅读

《组织与管理研究的实证方法》,陈晓萍,徐淑英;

《博弈论与信息经济学》,张维迎;

《经济博弈论》,谢识予;

《数理经济学的基本方法》,蒋中一;

《组织行为学》,罗宾斯;

《协同创新》,陈劲;

《治理与善治》,俞可平;

《技术创新学》,傅家骥;

《公共政策分析》,苏竣。

2.6　研究方向

现代经济发生了深刻变化,在知识经济时代,知识转移是企业组织取得竞争优势的重要来源,并逐渐成为推动国家或地区经济发展转型的重要驱动力量。因此,如何提升知识转移绩效已成为一个亟待解决的重要社会课题,引起了学术界、企业界与政府的高度关注。这既是国家科技创新战略顶层设计,又是组织获取竞争优势的必由之路。

高校知识转移是将高校所创造的知识、技术、成果转移到社会与商业

上,完成高校知识的流动与应用,并实现其市场价值。当前高校创新存在以下四个问题:

(1)创新成果供需双方缺乏充分有效的沟通交流平台;

(2)创新成果转化投入总量不足,资金分配结构欠合理;

(3)高校现有的科研评价体系对成果转化的激励不足;

(4)创新成果转化相关保障措施的缺失导致利益划分不均。

遵循"问题导向"思路,按照"现状—问题—对策"的研究技术路线来实施研究。在梳理国内外知识治理和高校知识转移的相关文献的基础上,通过典型案例研究和问卷调查,运用文献分析法、案例研究法和实证分析法明确当前高校知识转移的现状和所存在的问题,厘清高校知识治理机制机理,探索治理路径,从而实现显性隐性知识的共同转移。研究内容如下图所示:

知识治理内核图

如知识治理内核图所示,将项目分为以下三个研究问题:

(1)山西省高校知识转移现状和问题

主要研究内容:按照问题导向的思路采用访谈和问卷调查两种方式了解山西省不同层次的高校的知识创造主体、知识创造对象(论文、专利、课题、技术等的主要类型、数量、质量等方面)基础信息,明确知识转移现状,并分析其中所存在的问题及成因,从而促进知识转移。

（2）研究型大学知识转移现状及治理机制

主要研究内容：选取典型研究型大学运用案例分析法，考察该类大学知识转移的现状，明确治理思路和惯例做法。建立研究型大学治理指标和评价体系，构建治理机制框架。与山西省内研究型大学进行对比分析，以提供可借鉴且具可行性的实现路径。

（3）隐性知识转移治理机制

主要研究内容：知识可以进一步分为显性知识和隐性知识两类。显性知识在知识转移过程中往往因其易编码特性而容易转移，隐性知识因无法编码而很难转移。根据现有理论和文献梳理，运用质性和定量相结合的分析方法，探索高校隐性知识的转移机理，并探索其治理机制和路径，以实现显性和隐性知识共同转移。

2.7　主要科研成果

田国华，张胜．中国大型科技成果转化模式研究——基于煤制烯烃技术的案例研究[J]．科技进步与对策，2019，36（5）：26-32.

3. 踏雪寻梅，站在巨人的肩膀上

经过一年的访问学习，我基本明确了研究方向。但深知一年时间的短暂和不足，我回到山西大同大学商学院仍然需要继续学习。我在不断的学习过程中，有了一些浅薄的感悟。

3.1　教学改革

"统计学原理"是一门方法论科学，本课程在会计学专业课程体系中属于学科与专业基础教育平台课中的必修课程，总课时数为56学时，具有较强的综合性与应用性。它为学生学习专业统计课程奠定理论和方法基础，也为学习其他专业课程和从事经济研究提供数量分析的方法。通过对基本统计理论、基本计算方法的学习让学生牢固地掌握社会经济统计分析的一般方法和技能，熟练运用统计计算分析方法计算分析复杂社会经济现象数量方面的规律，为学生继续学习其他社会经济理论和实务奠定统计分析基础，也为学生走向社会经济统计岗位提供有力的支持。

按照商学院"一院一品"工作的安排和部署，根据商学院学生独有的特征开展统计学课程改革。

第一，从教学内容、教学方法和教学软件等方面进行改革，开设适合管理学和经济学研究的方法论课程，试图找到适合本院学生学习和应用的路径。

第二,探索挖掘与会计专业、工商管理专业、物流专业的专业课程的授课内容深度契合的统计部分内容,尝试多名教师同堂讲授的方式。

第三,思政要素与教学全链条融合。统计学类的课程教学不是"统计学原理"一门课程的教学,而是一套兼具理论基础、实践基础从而实现数据分析目标的科学化、系统化的课程体系。课程思政要素的融合基础较为坚实。已申请校级教育教学改革示范项目:《统计学原理》课程思政教育教学改革示范课程。

3.2 科研情况

自奥地利经济学家约瑟夫·熊彼特(1912)在其著作《经济发展理论》中首次将"创新"引入到经济理论研究中之后,经济学家对创新的认识经历了两个阶段。第一阶段是未定义技术进步这一要素,将其作为一种外生变量引入到生产函数中,解释了除资本、劳动力这些外力推动经济增长外的其他因素拉动经济增长,这一阶段的代表人物是 R. M. Solow(1957);第二阶段是将技术进步内生化,认为经济持续增长不是依靠外力推动,而是内生的技术进步,代表人物有 Arrow(1962)和 E. M. Mansfield(1979)。技术进步为经济增长提供了不竭动力,且是边际效益递增的要素。研究科技创新相关政策的供给策略及效果评估就显得格外重要。

通过对大数据产业政策的梳理,以及对国家大数据综合试验区发展现状的调研,绘制政策地图,为大数据产业的发展提出具有前瞻性的产业政策,并对其进行实践可行性论证。通过研究区域差异性,结合山西省大数据产业基础,探索山西省大数据产业的发展路径,从而为能源大省的转型发展提供创新思路。已申请省哲社课题。

通过对山西省科技创新政策供给进行研究,明确当前存在的问题,厘清政策制定策略,评估政策效果,有助于提高区域科技创新能力,进行经济结构调整和经济增长方式转变,加快实现区域经济跨越式发展,具有较大的理论意义和现实意义。已申请省社科联重点课题。

4. 蓦然回首,却在灯火阑珊处

经过不懈的努力,终于取得了一些小成绩,但我深知学习是一种修行,望早日有所建树。

现在归结如下:

4.1　项目

1. 大学生创业瓶颈及对策探究．负责人．山西大同大学青年科研项目(2014Q28)

2. 大同市供给侧结构性改革研究．负责人．山西省社科联重点课题(ssklzdkt2016141)

3.《大同市供给侧改革经济分析》项目．第二．大同市政府．2017.4

4. 大数据背景下《统计学》课程内容改革及应用．负责人．山西大同大学教学改革创新项目(XJG2017218)

5. 大同市旅游资源互联网推广平台．参与人．大同市科技局．(2017161)

6. 山西省大数据产业发展路径研究．负责人．山西省哲学社会科学规划课题(2019B293)

7. 山西省科技创新政策供给研究．负责人．山西省社科联重点课题(ssklzdkt2020158)

8.《统计学原理》课程思政教育教学改革示范课程．负责人．山西大同大学教改项目．(2020.12.31)

4.2　论文

1. 田国华,张胜．中国大型科技成果转化模式研究——基于煤制烯烃技术的案例研究[J]．科技进步与对策,2019,36(5):26-32.

2. 田国华,张胜．比较中美大学科技成果处置权与收益权[J]．中国高校科技,2019(4):80-84.

3. 田国华,郭英远．西安高校技术转移现状、问题及对策研究[J]．中国高校科技,2019(8):93-96.

4. 田国华．基于产业链理论的山西省大数据产业发展路径探究[J]．商业经济,2020(8):24-25＋133.

5. 田国华．基于知识管理视阈下的数据分析策略研究[J]．商业经济,2020(9):119-120.

6. 田国华．研究型高校科技成果转化水平与区域经济协调关系评估[J]．山西大同大学学报(自然科学版),2020(5):32-36.

7. 田国华．大数据时代统计学课程改革探索[J]．中国管理信息化,2020(11):235-236.

8. 田国华．基于政策地图的中国大数据产业发展政策变迁与发展趋势[J]．企业科技与发展,2020(11):1-2＋5.

9. 田国华. 大学生创业精神的培养途径探究[J]. 山西大同大学学报（社科版），2017(4)：103-106.

4.3 奖励

2019 年 12 月获 2019 年度中青年教师教学竞赛三等奖。

2019 年 6 月获"学创杯"全国大学生创业综合模拟大赛省赛一等奖"优秀指导教师"称号。

2019 年 5 月获互联网＋大学生创新创业大赛校赛一等奖。

2019 年 1 月 13 日荣获校科学研究工作先进个人优秀奖。

2018 年 12 月荣获第四届"东方财富杯"全国大学生金融精英挑战赛"优秀指导教师"称号。

2018 年获商学院青年教师教学基本功竞赛二等奖。

2018 年 6 月大同市发展改革委员会聘任为大同市宏观经济研究中心研究员。

2016 年 10 月 16 日获国家中级统计师技术资格。

荣获 2012—2013 年度校优秀党员称号。

荣获 2011 年度和 2013 年度校优秀班主任称号。

参考文献

[1]徐爱华.面向文本分类的中文文本挖掘技本研究及实现[D].武汉：武汉理工大学,2004.

[2]李晓笛.Web文本挖掘技术研究及应用[D].北京：北京交通大学,2015.

[3]Maron,M,E.On Relevance Probabilistic Indexing and Information Retrieval[J].Journal of the ACM,1960,7(3):216-244.

[4]Ganter B,Wille R.Formal Concept Analysis:Mathematical Foundations[M].Springer Science & Business Media,2012.

[5]Ghanem,Chortaras M C,Guo A,et al.Agrid Infrastructure for Mixed Bioinformatics Data and Text Mining[J].In:Computer Systems and Applications,2005.

[6]田苗苗.数据挖掘之决策树方法概述[J].长春大学学报,2004,14(6):48-51.

[7]王煜.基于决策树和K最近邻算法的文本分类研究[D].天津：天津大学,2006.

[8]李正,王猛,曾华军.支持向量机导论[M].北京：电子工业出版社,2004.

[9]张学工.关于统计学习理论与支持向量机[J].自动化学报,2000,26(1):32-41.

[10]张学工,译.VAPNIK.V.N.统计学习理论的本质[M].北京：清华大学出版社,2000.

[11]许建华,张学工,译.VAPNIK V N.统计学习理论[M].北京：电子工业出版社,2004.

[12]刘晓亮,丁世飞.SVM用于文本分类的适用性[J].计算机工程与科学,2010,32(6):106-108.

[13]张贵香,费岚,杜徐.基于类内超平面的模糊支持向量机[J].计算机工程与设计,2008,12(29):3177-3178+3207.

[14]王文剑,郭虎升.粒度支持向量机学习模型[J].山西大学学报：自

然科学版,2009,32(4):535-540.

[15]田甜.文档分类方法的探讨[J].情报杂志,2006(2):77-78.

[16]王煜.基于决策树和K最近邻算法的文本分裂研究[D].天津:天津大学,2006.

[17]郭丕斌,周喜君,李丹,等.煤炭资源型经济转型的困境与出路:基于能源技术创新视角的分析[J].中国软科学,2013(7):39-46.

[18]常涛,李志强,韩牛牛,等.基于资源型经济转型的区域科技创新能力评价研究——以山西省为例[J].科技管理研究,2015,35(16):62-67.

[19]郭泽光.创新驱动与转型升级:山西资源型经济转型国家综合配套改革试验区发展报告(2015)[M].北京:中国财政经济出版社,2016.

[20]马伟东.山西发展大数据路径探析[J].山西科技,2017,32(5):18-20.

[21]王能强.发达国家及我国主要地区大数据发展的政策启示——以贵州大数据产业发展为例[J].中国管理信息化,2017,20(9):159-160.

[22]潘丹蓓,尹华,胡振生,等.广州市大数据产业链发展与实体经济深度融合实现路径与对策[J].网络商务经营版,2019(5):126-128.

[23]朝乐门,马广惠,路海娟.我国大数据产业的特征分析与政策建议[J].情报理论与实践,2016(10):6-7.

[24] Roger Stough,Dennis McBride.Big Data and U.S.Public Policy[J].Review of Policy Research,2014,31(4):339-342.

[25] Arthur W Toga,Ivo D Dinov.Sharing Big Biomedical Data[J].Journal of Big Data,2015,2(1):1-12

[26]黄萃,苏竣,诗丽萍,等.政策工具视角的中国风能政策文本量化研究[J].科学学研究,2011,29(6):876-882,889.

[27]周京艳.政策工具视角下我国大数据政策的文本量化分析[J].情报探索,2016,12:7-16.

[28]刘亚亚.中国大数据政策体系演化研究[J].科研管理,2019,40(5):14-23.

[29]Rothwell R,Zegveld W.Reindusdalization and Technology[M].Logman Group Limited,1985.

[30]苏竣.公共科技政策导论[M].北京:科学出版社,2014.

[31]张胜,郭英远.基于政策地图的科技服务业发展政策设计研究[J].科技进步与对策,2014,31(23):110-115.

[32]刘贵富.产业链基本理论研究[D].长春:吉林大学.2006.

[33]王伟玲.大数据产业的战略价值研究与思考[J].技术经济与管理

研究,2015(1):117-120.

[34]迪莉娅.我国大数据产业发展研究[J].科技进步与对策,2014(4):56-60.

[35]刘宣,金乐天.大数据产业的区位偏好研究[J].岭南学刊,2017(3):116-122.

[36]雷庭.我国大数据产业发展的影响因素研究[D].北京:北京交通大学.2017.

[37]韩先锋,惠宁.中国大数据产业技术效率及其影响因素分析[J].科技管理研究,2016,36(14):107-112.

[38]胡剑波,丁子格,任亚运.我国大数据产业竞争优势研究——基于修正的钻石模型[J].工业技术经济,2015,34(6):17-27.

[39]贵州省经济和信息化委员会.贵州省大数据产业发展应用规划纲要（2014—2020）[EB/OL].http://www.gzjxw.gov.cn/zwgk/xxgk/xxgkml/ghjh/fzgh/201404/t20140429_2194.html,2014-04-29

[40]山西省人民政府.山西省大数据发展规划(2017—2020)[EB/OL].http://www.shanxi.gov.cn/sxszfxxgk/sxsrmzfzcbm/sxszfbgt/flfg_7203/szfgfxwj_7205/201703/t20170330_291732.shtml,2017-03-30

[41]夏清华.学术创业:中国研究型大学"第三使命"的认知与实现机制[M].武汉:武汉大学出版社,2013.

[42]郭英远,张胜,杜垚垚.高校职务科技成果转化权利配置研究——基于美国常青藤大学的实证研究[J].科学学与科学技术管理,2018,39(04):18-34.

[43]Kenney M,Patton D.Reconsidering the Bayh-Dole Act and the Current University Invention Ownership Model[J].Research Policy,2009,38(9):1407-1422.

[44]马晓文.美国研究型大学科技成果的产权管理研究[D].武汉:华中科技大学,2016.

[45]Rasmussen E,Øystein Moen,Gulbrandsen M.Initiatives to Promote Commercialization of University Knowledge[J].Technovation,2006,26(4):518-533.

[46]孙远钊.论科技成果转化与产学研合作——美国《拜杜法》35周年的回顾与展望[J].科技与法律,2015(5):1008-1037.

[47]Tseng A A,Raudensky M.Performance Evaluations of Technology Transfer Offices of Major US Research Universities[J].International Journal of Engineering & Technology Innovation,2014,9(1):93-102.

[48]王谋勇.美国大学技术许可办公室高效运行的关键因素分析及对我国的政策启示[J].科技进步与对策,2010,27(12):35-40.

[49]马晓文,钟书华.美国研究型大学科技成果的处置机制及其对中国的启示[J].中国科技论坛,2016(5):154-160.

[50]阿儒涵,李晓轩.我国政府科技资源配置的问题分析——基于委托代理理论视角[J].科学学研究,2014,32(2):276-281.

[51]付子堂,孟甜甜.激励型法的学理探析——以美国《拜杜法案》为切入点[J].河南财经政法大学学报,2014,29(3):60-66.

[52]郭英远,张胜,杜垚垚.高校职务科技成果转化权利配置研究——基于美国常青藤大学的实证研究[J].科学学与科学技术管理,2018,39(4):18-34.

[53]徐晓阳,李晓轩.成果权属事关科技成果的产出和转化——我国财政资助科技成果权属政策的演进与局限[J].中国科学院院刊,2014,29(5):558-563.

[54]马晓文,钟书华.美国研究型大学科技成果的处置机制及其对中国的启示[J].中国科技论坛,2016(5):154-160.

[55]戚湧,朱婷婷,郭逸.科技成果市场转化模式与效率评价研究[J].中国软科学,2015(6):184-192.

[56]Mei H.C.H,Liu J.S.,Lu W.M.,et al.A New Perspective to Explore the Technology Transfer Efficiencies in US Universities[J].Journal of Technology Transfer,2013,39(2):247-275.

[57]Caldera A.,Debande O.Performance of Spanish Universities in Technology Transfer:An Empirical Analysis[J].Research Policy,2010,39(9):1160-1173.

[58]Tseng A.,Raudensky M.Performance Evaluations of Technology Transfer Offices of Major US Research Universities[J].Journal of Technology Management & Innovation,2014,9(1):93-102.

[59]Kristel M.,Maura M.A.,Rodney M A.The Changing University Business Model:A Stakeholder Perspective[J].R & D Management,2014,44(3):265-287.

[60]O'kane C.,Mangematin V.,Geoghegan W.,et al.University Technology Transfer Offices:The Search for Identity to Build Legitimacy[J].Research Policy,2014,44(2):421-437.

[61]John P.W.,洪伟.美国大学技术转移体系概述[J].科学学研究,2011,29(5):641-649.

[62]赵丹丹.斯坦福大学技术许可办公室运转机制的研究[D].北京:首

都师范大学,2014.

　　[63]邸晓燕,赵捷,张杰军.科技成果转让收益分享中的政策改进[J].科学学研究,2011,29(9):1318-1322＋1341.

　　[64]李政刚.科技成果处置权改革现状及对策建议[J].管理现代化,2015,35(2):102-104.

　　[65]万小丽,张传杰.职务发明收益分配比例的经济学分析[J].科学学研究,2009(4):574-579.

　　[66]张胜,郭英远.中国科技成果产权体制改革历程与展望[J].科学学与科学技术管理,2015,36(10):3-11.

　　[67]刘彦蕊,丁明磊,管孟忠.科研事业单位技术类无形资产入股问题探析[J].科学学研究,2015,33(6):876-880.

　　[68]周荣,喻登科,涂国平.高校科技成果转化团队知识网络形成机理与运行模式[J].科技进步与对策,2015(4):117-123.

　　[69]丁明磊,刘彦蕊.南京和武汉探索促进科技成果转化的实践及政策启示[J].科学管理研究,2014(2):55-58.

　　[70]Tseng A A,Raudensky M.Assessments of Technology Transfer Activities of US Universities and Associated Impact of Bayh-Dole Act[J].Scientometrics,2014,101(3):1851-1869.

　　[71]汪芹,王长军.科技成果转化中三螺旋接口组织创新模式研究——以中科大先进技术研究院为例[J].科技进步与对策,2015(8):7-11.

　　[72]张铭慎.如何破除制约入股型科技成果转化的"国资诅咒"?——以成都职务科技成果混合所有制改革为例[J].经济体制改革,2017(6):116-123.

　　[73]李涛,张璋.科技创新能力与国家位势关系研究——基于结构方程模型的量化分析[J].中国软科学,2014(2):90-99.

　　[74]朱宁宁,王溦溦.我国科技成果转化典型模式及影响因素研究[J].科技与管理,2011,6:34-37.

　　[75]胡振亚.论科技成果转化的实施主体、转化模式和激励机制[J].求索,2012,12:173-175.

　　[76]戚湧,朱婷婷,郭逸.科技成果市场转化模式与效率评价研究[J].中国软科学,2015,6:184-192.

　　[77]杨栩,于渤.中国科技成果转化模式的选择研究[J].学习与探索,2012(8):106-108.

　　[78]刘姝威,陈伟忠,王爽,等.提高我国科技成果转化率的三要素[J].中国软科学,2006,4:55-58.

　　[79]吴皓.高新技术企业成果转化的影响因素研究[D].上海:华东师范

大学,2007.

[80]鲍林,黄朗喜.科技成果转化的中试环节建设[J].研究与发展管理,2002,4:30-34.

[81]张慧颖,史紫薇.科技成果转化影响因素的模糊认知研究——基于创新扩散视角[J].科学学与科学技术管理,2013,5:28-35.

[82]董洁,黄付杰.中国科技成果转化效率及其影响因素研究——基于随机前沿函数的实证分析[J].软科学,2012,10:15-20.

[83]Barry Bozeman.Technology transfer and public policy:a review of research and theory[J].Research Policy,2000,9:627-655.

[84]李元广.科技成果转化中试环节的特征及影响因素研究[D].西安:西安电子科技大学,2014.

[85]刘波,杨芮,李娜.科技成果转化中试环节:模式、问题及对策[A].中国软科学研究会.第十届中国软科学学术年会论文集[C].中国软科学研究会:2015:6.

[86]贾玉平,任慧.中国战略性新兴产业中试模式选择研究[J].科技进步与对策,2015,4:30-35.

[87]李飞,陈浩,曹鸿星,等.中国百货商店如何进行服务创新——基于北京当代商城的案例研究[J].管理世界,2010,2:114-126+187-188.

[88]邓立治,罗洪路.科技成果转化过程的知识创新研究[J].技术经济与管理研究,2008,3:19-21.

[89]彭于彪.科技成果转化不同发展阶段的融资路径研究[J].金融经济,2014,18:37-39.

[90]Richard R.Nelson.The Simple Economics of Basic Scientific Research[J].Journal of Political Economy,1959,67(3):297-306.

[91]Robert K.Yin.Case Study Research:Design and Methods(3Rded)[M].Thousand Oaks,CA:Sage,2003.

[92]Bstieler,L.The Moderating Effect of Environmental Uncertainty on New Product Development and Time Efficiency[J]Journal of Product Innovation Management,2005,22:267-284

[93]Robert K.Yin.Case Study Research:Design and Methods(3Rded)[M].Thousand Oaks,CA:Sage,2003.

[94]Eisenhardt K.M.Better Stories and Better Constructs:The Case for Rigor and Comparative Logic[J].Academy of Management Review,1991,16(3):620-627.

[95]叶康涛.案例研究:从个案分析到理论创建——中国第一届管理案

例学术研讨会综述[J].管理世界,2006,2:139-143.

[96]张胜,郭英远,张岭,等.发明人主导职务成果转化机制的实证研究——以甲醇制取低碳烯烃成果转化为例[J].科研管理,2016,4:110-117.

[97]Sigrid S.Patenting and Licensing of University Research:Promoting Innovation or Undermining Academic Values? [J].Science and Engineering Ethics,2011,17(1):45-64.

[98]肖尤丹.我国大学技术转移中的知识产权政策挑战[J].科技促进发展,2011(7):53-62.

[99]Thursby J.,Fuller A W,Thursby M.US Faculty Patenting:Inside and Outside the University [J].Research Policy,2009,38(1):14-25.

[100]郭英远,张胜.科技人员参与科技成果转化收益分配的激励机制研究[J].科学学与科学技术管理,2015,36(7):146-154.

[101]毕娟.技术交易视角下高校技术转移效率分析:以北京地区为例[J].中国市场,2013(35):51-58.

[102]Dalmarco G,Dewes M de F,Zawislak P A,et al.Universities' Intellectual Property:Path for Innovation or Patent Competition? [J].Journal of Technology Management & Innovation,2015,6(3):150-170.

[103]刘勇,黄劲松.高校技术成果转让的障碍研究[J].研究与发展管理,2014(3):129-134.

[104]倪静云,蔡勇,李志坚,等.我国大学技术转移现状及策略探析[J].科技管理研究,2014(5):189-193.

[105]徐军,王国栋,崔巍.高校技术转移中心的职能模型[J].科技管理研究,2016,36(21):134-138.

[106]申轶男.政府与高校协同促进成果转化的建议[J].中国高校科技,2018(10):72-74.

[107]林素仙.高校科技成果转化存在的问题与对策[J].中国高校科技,2015(9):78-79.

[108]毕娟.技术交易视角下高校技术转移效率分析:以北京地区为例[J].中国市场,2013(35):51-58.

[109]郭东妮.中国高校技术转移制度体系研究[J].科研管理,2013,34(6):115-121,160.

[110]丁明磊.地方探索职务科技成果权属混合所有制改革的思考与建议[J].科学管理研究,2018,36(01):17-20+45.

[111]徐军,王国栋,崔巍.高校技术转移中心的职能模型[J].科技管理研究,2016,36(21):134-138.

[112]乔杉.高校促进科技成果转化面临的问题及对策[J].中国高校科技,2017(S2):94-96.

[113]陈套.中国区域科技创新系统治理能力动态评价与提升路径[J].大连理工大学学报,2016,37(1):44-50.

[114]王海兰.高校科研经费投入与区域经济增长[J].科技管理研究,2016(4):107-112.

[115]马卫华.科研经费对高校科技成果转化的影响[J].科技管理研究,2017(20):98-102.

[116]周文泳.研究型大学科研效率分类评价[J].科研管理,2018(S1):44-51.

[117]孙晓春.高校科技创新能力对区域经济建设的作用[J].中国高校科技,2015(11):65-67.

[118]孙文祥.高校研发实力与经济增长的区域差异实证研究[J].科技管理研究,2005,25(2):4-6.

[119]李明.高校科技创新与地区经济发展[J].财经问题研究,2018(1):123-129.

[120]弓秀兰.高校科研成果与区域经济的对接策略[J].中国高校科技与产业化,2010(6):46-47.

[121]朱建平.大数据认知的误区[J].中国统计,2016(12):24-26.

[122]朱建平.大数据时代对传统统计学变革的思考[J].统计研究,2016(2):3-9.

[123]Viktor Mayer-Schönberger,Kenneth Cukier.盛杨燕等译.大数据时代[M].杭州:浙江人民出版社,2013.

[124]朱建平.大数据时代下数据分析理念的辨析[J].统计研究,2014(2):10-19.

[125]邱东.大数据时代对统计学的挑战[J].统计研究,2014(1):16-22.

[126]崔瑛.财经类非统计专业统计教学的改革[J].高教学刊,2015(20):28-29.

[127]惠琦娜.从统计思维能力培养看统计教学改革[J].统计与决策,2010(3):168-170.

[128]王德劲.非统计专业本科《统计学》课程"分块"教学与管理模式改革设想[J].统计与咨询,2008(5):70-71.

[129]白日荣,苏永明.非统计专业统计学教学的改革与创新[J].统计教育,2007(12):25-26.

[130]游传新.经济管理类专业统计学课程教学改革模式研究[J].长江

大学学报(社会科学版),2009(4):246-247.

[131]周国富.高校非统计专业《统计学》课程教学内容改革应注意的几个问题[J].统计教育,2008(3):33-34.

[132]段敏芳,李夏阳.关于统计学课程教学改革的探讨[J].统计与决策,2004(8):72-73.

[133]陈悦.科学知识图谱的发展历程[J].科学学研究,2008(3):449-460.

[134]陈悦.CiteSpace知识图谱的方法论功能[J].科学学研究,2015(2):242-253.

[135]鲍玮.基于智慧课堂及SECI模型的螺旋递进型教学模式[J].北京印刷学院学报,2019(9):101-103.

[136]赵伯艳.基于SECI模型的高等院校会展专业人才培养途径和方略[J].创新创业理论研究与实践,2020(3):1-4.

[137]胡艳艳."互联网+"背景下基于SECI知识管理模型论证教学发展学生化学核心素养[J].广东化工,2020(8):219-221.

[138]廖先玲.企业知识创新能力模型构建及其网络结构研究知识流动视角[J].科技管理研究,2020(8):210-217.

[139]Jeffrey Johannes, Austen Bongku. Designing the Knowledge Management System(A Case Study Approach in IT Consultant Company)[A].The 3rd International Conference on Graphics and Signal Processing(ICGSP 2019)[C].2019:41-53.

[140]樊治平.知识共享研究综述[J].管理学报,2006(3):371-378.

[141]方刚.基于SECI拓展模型的产学研协同创新知识转化行为研究[J].软科学,2019(6):24-29+36.

[142]郑冉冉.成功创业研究[M].上海:上海三联书店,2005.

[143]李亚雄.创业教程[M].杭州:浙江大学出版社,2008.

[144]韩建立.创业精神的影响因素及其绩效评价[J].浙江大学继续教育学院,2005(1):91-95.

[145]钟玉泉,彭建伯.大学生创业精神和创业能力培养研究[J].科技进步与对策,2009(15):151-153.

[146]王福民.地方高校创业课程研究教学的现状与对策[J].当代教育理论与实践,2012(3):75-77.

[147]李贵敏.培养学生创新精神和创新能力的途径与措施探析[J].教育探索,2004(5):5-7.

[148]Benson, P, P. Voller. Introduction: Autonomy and Independence in Language Learning [M].New York:Addison Wesley Longman,1997.

[149]Boud,D.(ed.).Developing Student Autonomy in Learning [M]. New York:Kogan Press,1988.

[150]Cotterall S.Developing a Course Strategy for Learner Autonomy [J].English Language Teaching Journal,1995(3):219-227.

[151]田国华.国际黄金价格影响因素分析及趋势预测[J].山西大同大学学报(社科版),2012,5:104-106.

[152]杨晓峰,田国华.行动学习 实质思考——财务管理教学改革探索[J].经济师,2012,11:139-140＋143.

[153]田国华,杨晓峰.基于"行动学习"的财务管理课程改革效果探究[J].消费导刊,2013,1:79-81.

[154]田国华.大同市机动车汽油消费的影响因素分析[J].西安石油大学学报(双月刊),2013,22(3):42-45＋103.

[155]田国华.关于我国环境污染的因子分析[J].经济师,2013,3:8-9.

[156]田国华,伍艳春.样本股选取实证分析[J].商场现代化,2007,12:349-350.

[157]伍艳春,田国华.样本股盈利能力评价分析[J].商业时代,2008(22):75-76.

[158]田国华.大学生创业精神的培养途径探究[J].山西大同大学学报(社科版),2017,31(132):103-106.

[159]田国华,张胜.中国大型科技成果转化模式研究——基于煤制烯烃技术的案例研究[J].科技进步与对策,2019,36(5):26-32.

[160]田国华,张胜.比较中美大学科技成果处置权与收益权[J].中国高校科技,2019(4):80-84.

[161]田国华,郭英远.西安高校技术转移现状、问题及对策研究[J].中国高校科技,2019(8):93-96.

[162]田国华.基于产业链理论的山西省大数据产业发展路径探究[J].商业经济,2020(8):24-25＋133.

[163]田国华.基于知识管理视阈下的数据分析策略研究[J].商业经济,2020(9):119-120.

[164]田国华.研究型高校科技成果转化水平与区域经济协调关系评估[J].山西大同大学学报(自然科学版),2020(5):32-36.

[165]田国华.大数据时代统计学课程改革探索[J].中国管理信息化,2020(11):235-236.

[166]田国华.基于政策地图的中国大数据产业发展政策变迁与发展趋势[J].企业科技与发展,2020(11):1-2＋5.

致　谢

　　本书的出版得到了山西大同大学的资助,感谢山西大同大学各级领导的关怀和帮助。感谢在西安交通大学访问期间,导师张胜教授对我的支持和帮助。同门师兄妹的共同交流和探讨也为笔者提供了很多研究的思路。在此向支持我工作的各级领导、导师、同事、同门及家人表示由衷的感谢。